BRAIN GAMES

BIBLE
WORD SEARCH

The Words of Jesus

Large Print

Publications International, Ltd.

Let's get social!
@Publications_International
@PublicationsInternational
@BrainGames.TM
www.pilbooks.com

Deepen your understanding of the words of Jesus while you solve puzzles. In this book, scriptural passages have been adapted into engaging word search puzzles.

Puzzle words are found in a straight line horizontally, vertically, or diagonally. They may read either forward or backward. Read and reflect on the passage, then find the words! In some instances, you'll find a Bible verse printed with specific words capitalized for you to seek out in the word grid.

With more than 80 word search puzzles to choose from, this collection provides a fun challenge while highlighting spiritual concepts. Large print means you can solve the puzzle without straining your eyes. If you get stumped at any point, turn to the back of the book to find a full set of solutions.

The Lord's Prayer

MATTHEW 6:9–13

AFTER this manner THEREFORE pray ye: OUR FATHER, which art in heaven HALLOWED be thy NAME. Thy KINGDOM come, THY WILL be done in EARTH, as it is in HEAVEN. GIVE US this day our DAILY BREAD. And FORGIVE us our DEBTS, as WE FORGIVE our DEBTORS. And LEAD US not into TEMPTATION, but DELIVER us from EVIL. For THINE is the kingdom, and the POWER, and the GLORY, for ever. AMEN.

```
T H E R E F O R E S U D A E L
D A I L Y B R E A D U V Z U V
W E F O R G I V E E Q E S K S
R E A H W Q F Q C W N X V T W
E T K I N G D O M O V Q B I U
H E Z F T E T T I L G E O N G
T U K F R O D T X L D C L A V
A O X M C O A E O A Q L B M K
F N E M A T K A O H I J R E W
R E W O P T C R Y W A A E Q Y
U O I M K S T T Y R A F T E R
O C E O X K M H Z W O Y H R S
A T H I N E T R E V I L E D B
S R O T B E D N M W H O G I Z
F O R G I V E H R H E A V E N
```

Answers on page 172.

Parables and Stories

GOOD GROUND

GOOD SAMARITAN

HARVEST

KINGDOM OF HEAVEN

LAMP

LOST SHEEP

MUSTARD SEED

NET

PARABLE

PEARL OF GREAT PRICE

PRODIGAL SON

SERVANTS

SOWER

TALENTS

TEACHINGS

TREASURE

VINEYARD

WEDDING BANQUET

```
A M T A P R O D I G A L S O N S W
J R V S G C S B P S N E T W I E S
S T N E L A T R E A S U R E S R P
D L C X C E L B A R A P W X V V Y
N B T B L E L E R A B Y E K V A T
E M P M W H H C L Y P L D F I N O
V E V C G Z A N O C Q O D E J T C
A H V Y O S R S F C D S I I G S F
E S L N O G V M G J H T N J O F E
H B O C D N E D R K C S G Y O T X
F Z E Z G I S E E S I H B A D A K
O L Q K R H T E A K M E A U S C Z
M D J L O C V S T R Z E N A A L S
O R R Z U A I D P R B P Q F M A B
D V D P N E N R R B V V U K A M F
G G R P D T E A I F D O E H R P D
N Y C F I T Y T C O M X T Y I Y L
I O J R X T A S E P M H M L T S W
K K Z A W R R U S O W E R P A K U
T V D R U G D M X F I L A G N Y R
```

Answers on page 172.

The Sermon on the Mount

BEATITUDES

BLESSED

CHILDREN OF GOD

CITY ON A HILL

COMFORT

FULFILL THE LAW

HEAVEN

HUNGER

INHERIT THE EARTH

KINGDOM

LIGHT OF THE WORLD

MEEK

MOURN

PEACEMAKERS

PERSECUTED

POOR IN SPIRIT

PURE IN HEART

REJOICE

REWARD

RIGHTEOUSNESS

SALT OF THE EARTH

THIRST

```
L I G H T O F T H E W O R L D U S
F G L P O O R I N S P I R I T D O
H T R A E E H T T I R E H N I E F
T T Y L L I H A N O Y T I C E U B
S V S A L T O F T H E E A R T H L
R T A V S B P J G E R E W A R D E
I F U L F I L L T H E L A W Y N S
H E A V E N P E A C E M A K E R S
T Z C O M F O R T E C I O J E R E
U W K I N G D O M M A D G U O G D
Q B E A T I T U D E S E W A R Z K
H X L A K M Q T Q E E L C H A N V
B U L M X L M X C K T Z I I A C O
F I N C H I L D R E N O F G O D T
B R I G H T E O U S N E S S R G H
N B C X E P E R S E C U T E D S D
D S C P U R E I N H E A R T Q U I
```

Answers on page 172.

The Sower

ACCEPT	PARABLE
BIRDS	PLANT
CROP	ROCKS
FARMER	ROOTS
GOOD	SEEDS
GROW	SOIL
HARVEST	SOWER
JESUS	SUN
LEARN	THORNS
LESSON	WATER
MESSAGE	WEEDS

```
E F E D S G I B W C R L N
N X O K N A K S I X F I O
S O C E U Q C V O R D O S
G O F H S D E C M W D S S
R A P A R A B L E F E S E
W W K R R C P T S P O R L
P A O V X M D H S C T X W
T T E E M B E O A R B I E
N E Z S D S G R G O G E E
A R N T D E P N E P B R D
L T S U S E J S C A R U S
P U E W Z D L E A R N O W
R O O T S S C F Z W O R G
```

Answers on page 172.

Matthew 3:13-15

Then cometh Jesus from Galilee to Jordan unto John, to be baptized of him. But John forbad him, saying, "I have need to be baptized of thee, and comest thou to me?"

And Jesus answering said unto him, "Suffer it to be so now: for thus it becometh us to fulfill all righteousness." Then he suffered him.

BAPTIZED	JESUS
BECOMETH	JOHN
BLESSING	JORDAN
COMETH	JUDAEA
DOVE	LOCUSTS
FIRE	PROPHET
FORBAD	REPENTANCE
FRUIT	RIGHTEOUSNESS
GALILEE	RIVER
HEAVEN	SPIRIT
HOLY	SUFFER
HOLY GHOST	SUFFERED
HONEY	WATER
JERUSALEM	

```
W H T C G N I S S E L B A U M I I
U Y F T K H O N E Y R V N U D J
U B E C O M E T H E W V I E L L
F S S F B B I V P X Y Y Z K O D
S S E N S U O E T H G I R A C E
E J Q O R P N J T G T J H F U R
E S O F D T R I O P K E O N S E
L H N R A Y R O A H E S L R T F
I Z G N D I L B P R N U Y E S F
L V C Y P A C O I H E S G F H U
A E S S O R N F H M E U H F F S
G J E R U S A L E M J T O U C R
C V Z T T Q H E V O D G S S N E
F O R B A D N E V A E H T P T T
X A M Q V H T E M O C P K F E A
B R I V E R C A E A E A D U J W
```

13

Answers on page 173.

Mark 1:14-15

Now after that John was put in prison, Jesus came into Galilee, preaching the gospel of the kingdom of God, and saying, "The time is fulfilled, and the kingdom of God is at hand: repent ye, and believe the gospel."

APOSTLES	JOURNEY
AT HAND	KINGDOM
BAPTISM	MARK
BELIEVE	NAZARETH
BIBLE	PREACHING
DISCIPLES	PRISON
FAITH	REPENT
FOLLOW	SPIRIT
FULFILLED	TEACHING
GALILEE	TESTAMENT
GOSPEL	TIME
JESUS	WILDERNESS
JOHN	

```
T O X D F K E P T Z N S J I T N
M O F M N A Z A R E T H U E H E
A Y O E V F I S I E B C A S B S
Z Y L T U D T T E T A C S N E M
Z I L E A E V Y H L H C F T D J
N V O S N L K R L I P T H N A M
U J W T O L R E N E N I A I W G
K O N A S I A G Y E E H C B N R
B U T M I F M O P G T L E S S G
E R P E R L O E G A O A I M I Z
L N S N P U R J D Q W S U L I D
I E K T V F S E L T S O P A A T
E Y W I L D E R N E S S K E U G
V W U M S I T P A B Q B I B L E
E G N H O J Y T I R I P S X Q J
C B S K I N G D O M C K T O E H
```

Answers on page 173.

Matthew 4:18-20

And Jesus, walking by the sea of Galilee, saw two brethren, Simon called Peter, and Andrew his brother, casting a net into the sea: for they were fishers. And he saith unto them, "Follow me, and I will make you fishers of men." And they straightway left their nets, and followed him.

ANDREW	KINGDOM
APOSTLES	LEADER
BRETHREN	LEFT
BROTHER	MAKE
CALLED	MEN
CASTING	NET
CHRIST	PATER
FISHERS	PREACH
FOLLOW	SAVIOR
GALILEE	SEA
HEAVEN	SIMON
JAMES	STRAIGHTWAY
JESUS	TEACHING
JOHN	WORD

```
B G A G Q S A B L E A D E R C G
R S E C I Q P O A F S N H O J A
O C E M A P E P R C M I V Y Y L
T S O A A L O J W W E R D N A I
H N U T Y S L L D L C V L X W L
E H E S T U F E P L T I C W T E
R R E L E I P F D H A E G V H E
C T E A S J Z T Q C H B N H G K
N S S H V B R E T H R E N N I X
E T E I N E S Y Y U R N I N A C
M R P S R E N V J L C T G W R S
S H U L M H D R E C S D O O T A
U G J A G I C K H A O R M R S V
R K J W U G A D C M N S C D T I
K J M O S M F O L L O W U Y D O
W G N I H C A E T P R E A C H R
```

Answers on page 173.

Luke 5:22-24

But when Jesus PERCEIVED their thoughts, he. ANSWERING said unto them, "What REASON ye in your HEARTS?. Whether is EASIER, to say, Thy, SINS be FORGIVEN thee; or to say, RISE UP and walk?

But that ye may know that the SON OF MAN hath POWER upon EARTH to forgive sins, (he said unto the SICK of the palsy,) I say unto thee, ARISE, and take up thy COUCH, and go into thine HOUSE."

```
N  P  S  J  G  D  M  A  P  P  F  I  T  K
P  U  E  S  I  R  W  J  W  O  C  V  N  Y
M  E  A  R  T  H  P  Q  S  W  S  Q  K  D
W  R  D  X  Q  L  G  M  N  E  I  G  J  R
I  P  C  E  A  V  F  L  U  R  C  P  S  K
L  F  G  P  V  X  S  V  E  Z  K  O  W  E
A  Z  Z  I  K  I  Y  T  B  J  N  H  E  A
F  O  R  G  I  V  E  N  R  O  O  Y  S  S
W  X  T  S  S  R  Z  C  F  A  K  X  U  I
Z  H  J  R  U  P  E  M  R  R  E  M  O  E
L  E  L  P  S  U  A  A  A  E  S  H  H  R
E  S  I  R  A  N  C  F  S  M  P  I  J  C
G  N  I  R  E  W  S  N  A  O  D  Z  N  W
J  I  C  O  U  C  H  Z  K  Y  N  F  K  S
```

Answers on page 173.

Matthew 6:19-21

"Lay not up for yourselves treasures upon earth, where moth and rust doth corrupt, and where thieves break through and steal;

"But lay up for yourselves treasures in heaven, where neither moth nor rust doth corrupt, and where thieves do no break through nor steal: For where your treasure is, there will your heart be also."

BREAK	REWARD
CORRUPT	RUST
DECORATION	SERMON
EARTH	STEAL
EFFORT	TEACHINGS
GOD	THIEVES
HEART	TREASURES
HEAVEN	VIRTUE
JESUS	WEALTH
LAY	WORSHIP
LOVE	WORTH
MOTH	YOURSELVES

J M B T R O F F E T L B K L L H
H E D F G D E Q C P G A L H A G
P E S Z D E U P R U E U T Z E L
T U A U U C T W O R S H I P T X
K E G R S O R P B R T C S I S C
L X A T T R I N P O Q E M M H R
U N R C A A V W M C R I W T E W
W U E O H T U T S U R A L P V O
X C W T G I P X S T L A U G O B
J V A J O O N A N E E S D E L I
L Z R N D N E G H W V K A A F A
Z T D C P R N P S E D E R R C E
Q K M M T W O R T H A R I T V Y
P Y O U R S E L V E S V C H A A
D M W S E R M O N F E S E L T W
R B B O B V E M Q E S R P N M R

Answers on page 174.

Mark 12:29-31

"The first of all the commandments is, 'Hear, O Israel; the Lord our God is one lord: And thou shalt love the lord thy God with all thy heart, and with all thy soul, and with all thy mind, and with all thy strength': this is the first commandment.

"And the second is like, namely this, 'Thou shalt love thy neighbor as thyself.' There is none other commandment greater than these."

COMMANDMENTS
COMMUNITY
COMPLETELY
FAITH
FIRST
GOLDEN RULE
GOODNESS
GREATEST
HEART
HEAVEN
ISRAEL
KINGDOM
LESSON

LORD
LOVE
MIND
MOSES
NEIGHBOR
SCRIBE
SECOND
SINAI
SOUL
STRENGTH
TEACHING
TESTAMENT
THYSELF

```
D T S E C O N D G B Q H S T M U
G H Z L C R A O C S T T E O Q L
P Y V U D H O W C S R A D A O U
N S W R A D B R R E C G C R R S
E E R N N C I I N H N O D N O T
V L R E F B F G I I M T I O R A
A F S D E F T N K M V E C S Z T
E S J L E H G E A D R S O S O G
H Q C O M M U N I T Y T M E T R
L V T G S W D L S V I A P L L E
M A L E J M U F A S I M L S O A
X I S Y E O F D R Y G E E I V T
Q O N N S F I A A B H N T N E E
M J T D J J E E I E C T E A T S
A S Q O Z L P W Y T Z U L I N T
R O B H G I E N N L H S Y T T H
```

Answers on page 174.

Matthew 4:2-4

And when he had fasted forty days and forty nights, he was afterward hungered. And when the tempter came to him, he said, "If thou be the Son of God, command that these stones be made of bread."

But he answered and said, "It is written, Man shall not live by bread alone, but by every word that proceedeth out of the mouth of God."

ALONE	NIGHTS
ANSWERED	PROCEEDETH
BREAD	SON OF GOD
COMMAND	SPIRIT
DAYS	STONES
DESERT	STRENGTH
DEVIL	TEMPTER
FASTED	TEST
FORTY	TRIAL
HUNGERED	WILDERNESS
JESUS	WORD
MAN	WRITTEN
MOUTH	

```
Q D Y G J E K T E S T Q T M U P
K E H D H A I C N E T T I R W S
T V U M T C N W N L W W W T Y F
B I N T G E H S R I I D R A A Y
T L G E N C T M W L G I D S S E
I H E M E U T V D E A H T I N P
R T R P R A R E H L R E T O R T
I U E T T A R D E V D E L S L F
P O D E S N O F E K N A D X C N
S M G R E G P R O C E E D E T H
M I P S F B X U D R O W H H S F
X T S O U C O M M A N D W E O F
M Y N U V T M U L W O O N R M W
U O O V S R T D U M Y O T A X Z
S U O H D E S E R T T Y N Q Q M
A G B R T Z J D K S A D A E R B
```

Answers on page 174.

Prodigal Son

ANGER

ASK

BROTHER

CELEBRATE

FARM

FATHER

FORGIVENESS

GRACE

HOME

JOB

LEFT

LOST

MONEY

MOVED

OLDER

PARABLE

PARTY

PIGS

PRODIGAL

RETURN

SERVANTS

SIN

SONS

WASTED

WELCOME

WORK

YOUNGER

```
U F F Y L C B E L B A R A P
O A A N G E R M T X P W H I
Y T S R D L O O S Z S A Z A
C H K U M E T C O P I S G O
W E S T M B H L L N T D L
O R Q E F R E E U B F E H D
P W O R V A R W S E W D O E
R D Z S Y T P V L P S P M R
O S S E N E V I G R O F E H
D F K C J Y K R O W S N O S
I J O Y Z O L C L Y E N O M
G R A C E K B B D M O V E D
A R E G N U O Y P A R T Y R
L L S G I P S E R V A N T S
```

Answers on page 174.

John 4:13-14

"Whosoever drinketh of this water shall thirst again: But whosoever drinketh of the water that I shall give him shall never thirst; but the water that I shall give him shall be in him a well of water springing up into everlasting life."

AGAIN

BAPTISM

BELIEF

BLESSING

DRINKETH

ETERNAL

EVERLASTING

FAITH

FOLLOWING

GIFT

GREATEST

HOLINESS

HOLY

JESUS

LIVING

LOVING

MIRACLE

NEVER

PRAYER

SAMARITAN

SOUL

SPIRIT

SPRINGING

THIRST

WATER

WELL

```
P I W S Y T Y G N I S S E L B S
G J V G P F D R W A T E R G C B
N E B T I R O P R A Y E R V N A
I S H I N F I G E D F L C A H P
V U T R Q Q T N L V U F T O J T
I S E I R A D O G Y E I L L Y I
L N K P W Y V I M I R Y A F Q S
R U N S S I H H L A N N P O D M
E L I T N O O E M Q R G T L W Y
V U R G S L B A H E S H A L F Y
E O D K I E S P T X I Z L O A V
N S K N P D T E R R L M V W I Q
C B E V E R L A S T I N G I T L
V S W E L L R T E C J G V N H H
S M I R A C L E F R C S H G E J
S Z W N I A G A K J G U B Y Q U
```

Answers on page 175.

Mark 8:20–38

ADULTEROUS

ANSWERETH

ASHAMED

BASKETS

BETHSAIDA

BLIND MAN

CAESAREA PHILIPPI

CHARGED

CHRIST

DISCIPLES

ELDERS

ELIAS

EXCHANGE

FOLLOW ME

FOUR THOUSAND

FRAGMENTS

HAND

HOLY ANGELS

JOHN THE BAPTIST

KILLED

LOSE

PETER

PROFIT

REBUKE

REJECTED

SAITH

SATAN

SAVE

SAVOUREST

SCRIBES

SEVEN

SINFUL

TAKE UP

TEACH

THE CROSS

TOUCH

TOWN

UNDERSTAND

WHOLE

WORLD

```
S C R I B E S C S T N E M G A R F
T A D I A S H T E B A Q C T O W N
T S G N Y H O P P E M W O L L O F
H E I S A T A N Y M D F G E R Q Q
A G D R E S E L U F N I S H A N D
D N C A H V U S V N I V H S N S J
U A C L W C E O O E L O H W S S O
L H S H T S T N H L B A K I W O H
T C D E A I P O L T M P E T E R N
E X S I L R F R U E R K J A R C T
R E L A E P G O D C H U P N E E H
O E P B I F I E R J H U O R T H E
U F U E H T U C D P E G G F H T B
S K J Q V E H M S K W O R L D D A
E A O S W A H B A I V D K W J E P
S U N D E R S T A N D J N P T L T
P O J N F D E T C E J E R P Y L I
C A E S A R E A P H I L I P P I S
E L D E R S L E G N A Y L O H K T
G U Z S A V O U R E S T E K S A B
```

Answers on page 175.

Luke 10:41-42

And Jesus ANSWERED and SAID unto her, "MARTHA, Martha, THOU art CAREFUL and TROUBLED about MANY things.

But ONE THING is NEEDFUL: and MARY hath CHOSEN that GOOD part, which shall NOT be TAKEN away from HER."

```
B T E C C R F Q N N Q H Z I
G H X R H G E E Y I P G M G
N O B D A O K H S H D H Y T
I U Q H E A S L U F E R A C
H D T N T L U E D K G F I L
T Q D I L L B E N Y Y N A M
E M D G J P R U O C R O G I
N A I Y Z E Z U O Q Y A Q W
O R A H W G O O D R J H M Y
M T S S M M L E Y F T J G L
D H N N E E D F U L D X X O
A A Y U J N Y J W C O D S N
X W G L Q C O C H G J V E F
O H P M P U Y T Y T F M J N
```

33   *Answers on page 175.*

John 6:35-37

And JESUS said unto THEM, "I am the BREAD of LIFE: he that COMETH. to me shall never HUNGER; and he that BELIEVETH on me shall never THIRST.

But I SAID unto you, That ye ALSO have SEEN me, and believe NOT.

All that the FATHER giveth me shall COME to me; and him THAT cometh to me I WILL in no wise CAST OUT."

```
R D W H Y T H U N G E R Q A
D S X K T B C J Y Q E F I L
V L T O N A D F L E Q F D B
X G S P S I G L B X Y V O M
M E W T A T I C T V B Y W C
A P O S T W O D B H U L K H
D U B O N M K P E T I Y R I
T A K E E E F G L H O R E E
L Y E T T A E S I A S A S L
K D H R T T U S E T L M P T
X A A H B S A C V J A E O G
D R E L E O Z F E P H H E I
J R Q J A W O H T I R T W B
V L C O M E X L H O V T K K
```

Answers on page 175.

Matthew 5:17-18

"Think not that I am come to destroy the law, or the prophets: I am not come to destroy, but to fulfill. For verily I say unto you, Till heaven and earth pass, one jot or one tittle shall in no wise pass from the law, till all be fulfilled."

BIBLE	LISTEN
CHRIST	LORD
CHRISTIANITY	PASS
COME	PROPHESY
DESTROY	PROPHETS
EARTH	SERMON
FULFILL	TEACHINGS
HEAVEN	TESTAMENT
JESUS	THINK
JOT	TITTLE
JUDAISM	VERILY
LAW	WISE

```
E S G N I H C A E T B N Y J L K
K J V G E L T T I T O S E U V W
N G K S K R Y P Q M P S C C Y F
I O D B Y J R B R C U Q H O J O
H J O T S O I E D S H S R G U T
T J P T P B S W R H I T I I D H
L J T H L E E D O M S B S A A G
R L E E Q J E C L E A Q T P I C
Y S I L S C I S D I J T I C S P
Y L E F A T O K V J C D A G M R
S H I B L W A M E N Z B N F Z O
U T V R G U X M E C H R I S T P
V R D K E U F T E T T L T C Q H
R A Y M G V S X A N L M Y Z O E
J E F G W I S E O G T S S A P T
Y Y W J L X N E V A E H P I D S
```

Answers on page 176.

John 14:1-4

"Let not your heart be troubled: ye believe in God, believe also in me.

"In my Father's house are many mansions: if it were not so, I would have told you. I go to prepare a place for you. And I if go and prepare a place for you, I will come again, and receive you unto myself; that where I am, there ye may be also. And whither I go ye know, and the way ye know."

BELIEVE	LOVE
BLESSING	MANSIONS
DISCIPLES	MYSELF
FATHER	PLACE
FEAST	PREPARE
FINDING	RECEIVE
FOLLOWING	RESURRECTION
HEART	RETURN
HEAVEN	RISEN
HOME	TROUBLED
HOUSE	WELCOME
KNOW	WHITHER
LIFE	

```
N M N U N W E L C O M E C A L P
N X E D H P G L K E F I L G R R
C C S I Q E K N A L W E N N E C
R H I D L H A O I X C I Z S H J
P G R B S B Q R G D S B U V N F
R E V I E C E R T S N R G C T D
E D I S C I P L E S R I F C G F
P P D S I A V L I E A E F W Q O
A V V N F Y B T C E A D W I N L
R T B O F T W T R S V H H E N L
E H X I Z L I E T O I E V M R O
C O K S F O E I V T U A L H U W
E U Y N N K E S H O E B Y D T I
M S T A O D L E Y H L X L B E N
O E C M L W R N R M N T Y E R G
H F A T H E R E P I X Q F G D P
```

Answers on page 176.

John 14:5-6

Thomas saith unto him, "Lord, we know not whither thou goest; and how can we know the way?"

Jesus saith unto him, "I am the way, the truth, and the life: no man cometh unto the Father, but by me."

BELIEF	LESSONS
COMETH	LIFE
DISCIPLES	LORD
DOUBTING	LOVING
FAITHFUL	MIRACLES
FAMILY	QUESTIONS
FATHER	SALVATION
FEARFUL	SPIRIT
GOSPEL	TEACHING
HEAVEN	THOMAS
HOLY	TRUTH
JESUS	WAY
JOHN	WHITHER
KNOWLEDGE	WORKS

```
V G B T S H T S N O S S E L X Y
L O F Q R K X J V L M U G O C F
Z S X A E U N O I T A V L A S E
L P Y V T O T O C B L V S S N I
T E S Y Y H U H W U N K E E L
R L E E A M E K F L O Z F E V E
E D L I S W I R Z I E A D W A B
H O P H L A A R T U I D B T E T
T U I F I E M S A T C H G W H G
I B C A F H E O H C O O N E N D
H T S M E U B F H L L H M I B R
W I I I Q K U T Y T O E V E U O
H N D L K L M M P J M O S R T L
J G J Y U J E S U S L W W B I H
N Z A Y Z T E A C H I N G S U V
S D U S P I R I T S K R O W Y S
```

The Incarnation of Jesus in Matthew 1

A JUST MAN

ANGEL

APPEARED

BIDDEN

BIRTH

BRING FORTH

CALL

CHILD

CONCEIVED

EMMANUEL

ESPOUSED

FEAR NOT

FIRSTBORN SON

FULFILLED

HOLY GHOST

HUSBAND

INTERPRETED

JESUS CHRIST

JOSEPH

LORD

MINDED

MOTHER MARY

NAME

PRIVILY

PROPHET

PUBLIC EXAMPLE

RAISED

SAVE HIS PEOPLE

SINS

SLEEP

SON OF DAVID

SPOKEN

THOUGHT

THY WIFE

TOGETHER

VIRGIN

WIFE

WISE

```
W  T  R  P  U  B  L  I  C  E  X  A  M  P  L  E  N
Y  S  T  T  H  I  J  S  J  A  L  Z  V  H  D  L  U
L  O  R  D  U  G  N  E  I  O  L  U  H  T  E  L  P
M  H  E  C  S  T  V  T  S  N  S  L  D  R  S  E  M
O  G  L  H  B  H  L  E  E  U  S  E  Q  I  I  U  I
T  Y  P  T  A  Y  B  H  A  R  S  Q  P  B  A  N  N
H  L  O  R  N  W  T  P  T  J  P  C  A  H  R  A  D
E  O  E  O  D  I  W  O  F  H  U  R  H  N  A  M  E
R  H  P  F  U  F  Q  R  G  U  O  S  E  R  G  M  D
M  Y  S  G  E  E  I  P  E  E  L  U  T  T  I  E  K
A  Y  I  N  O  F  J  R  R  S  T  F  G  M  E  S  L
R  L  H  I  E  Q  I  D  S  S  P  H  I  H  A  D  T
Y  I  E  R  S  D  S  W  F  T  P  O  E  L  T  N  T
B  V  V  B  N  Y  D  L  T  F  B  O  U  R  L  D  T
W  I  A  G  C  I  O  I  E  V  X  O  K  S  O  E  B
I  R  S  H  I  B  G  A  B  E  V  T  R  E  E  W  D
S  P  I  R  X  E  R  R  C  W  P  E  W  N  N  D  U
E  L  W  C  O  N  C  E  I  V  E  D  N  W  S  W  L
D  M  J  N  O  C  T  D  I  V  A  D  F  O  N  O  S
I  J  K  T  A  P  P  E  A  R  E  D  W  L  J  M  N
```

Answers on page 176.

Mark 3:28-29

"Verily I say unto you, All sins shall be forgiven unto the sons of men, and blasphemies wherewith soever they shall blaspheme: But he that shall blaspheme against the Holy Ghost hath never forgiveness, but is in danger of eternal damnation."

BELIEVERS

BLASPHEMIES

CONFESS

DAMNATION

ETERNAL

FAITH

FORGIVENESS

HEAVEN

HELL

HOLY GHOST

JESUS

LISTEN

MARK

PHARISEES

PRAYER

PREACHING

REDEMPTION

SALVATION

SATAN

SINNERS

SONS OF MEN

TEACHING

VERILY

VIRTUE

WHEREWITH

```
T G N I H C A E R P Q N L I L S
S T S O H G Y L O H S O P S Y U
A Z F F A I T H N S J I X O L Q
L B S B P S H T E K T T L N I I
V Z O Y L E A N U E F P L S R J
A C J N A A E T A U P M E O E T
T G O V N V S C A H W E H F V S
I L E N I O H P A N E D Y M R H
O N I G F I I R H T G E E E S P
N W R S N E I T E E U R V N I R
F O L G T S S R A T M E W X N E
F L Z G E E N S R N I I Q I N Y
G G W E Z A N I M L M C E Z E A
Z V S M L T V A E Y T A F S R R
M J E S U S E B M A C J D M S P
P W H E R E W I T H J Z K R A M
```

45 *Answers on page 177.*

Luke 10:2-5

"The harvest truly is great, but the laborers are few: pray ye therefore the Lord of the harvest, that he would send forth laborers into his harvest.

"Go your ways: behold, I send you forth as lambs among wolves. Carry neither purse, nor scrip, nor shoes: and salute no man by the way. And into whatsoever house ye enter, first say, 'Peace be to this house.'"

BAPTIZE	LORD
BEHOLD	PEACE
CARRY	PRAY
COMMUNITIES	PREACHING
DISCIPLES	PURSE
ENTER	SALUTE
EVANGELISM	SCRIP
GREAT	SHOES
HARVEST	SPREAD
HOUSE	STRANGERS
LABORERS	WOLVES
LAMBS	WORLD

```
L  D  B  O  N  S  B  S  K  G  R  E  A  T  E  I
U  U  U  Y  B  M  A  P  I  R  C  S  Z  C  Y  N
C  P  N  M  C  T  P  S  B  G  X  B  L  H  E  N
S  A  A  J  G  Q  T  F  E  V  K  A  F  C  T  Y
F  L  R  C  E  W  I  S  N  L  B  M  V  T  U  P
G  B  D  R  O  Z  Z  W  E  O  P  W  T  H  L  H
N  S  V  H  Y  M  E  F  R  V  M  I  B  G  A  C
I  Q  P  I  A  R  M  E  W  S  L  R  C  A  S  W
H  B  Z  R  H  R  R  U  I  W  D  O  D  S  O  S
C  O  E  U  A  S  V  L  N  L  Y  R  W  R  I  W
A  V  E  S  S  Y  E  E  O  I  O  W  L  C  Z  D
E  X  G  H  U  G  I  H  S  L  T  D  G  N  E  E
R  Z  O  R  N  O  E  M  F  T  S  I  E  T  S  N
P  E  V  A  F  B  H  P  E  A  C  E  E  E  R  T
S  V  V  D  S  R  E  G  N  A  R  T  S  S  U  E
P  E  K  H  G  D  A  E  R  P  S  E  U  U  P  R
```

Answers on page 177.

Matthew 7:7-8

"Ask, and it shall be given you; seek, and ye shall find; knock, and it shall be opened unto you: For every one that asketh receiveth; and he that seeketh findeth; and to him that knocketh it shall be opened."

ANOTHER

ASK

BIBLE

DOOR

FAITH

FIND

GIVEN

GOD

HELP

JESUS

KNOCK

LORD

MATTHEW

NEED

OPENED

PEOPLE

PRAYER

PROMISE

PROVIDE

RECEIVE

SEEK

SERMON

SHALL

TEACHING

YOU

```
S K A P E S I M O R P Z A N V D
O E V G G T E D G O S N T P F H
G E D O Q N S B F I O Y L E Q D
Z S X T T O E O N T V E I Z O H
G D O G Z M R Z H S H E F L M T
N H D A B R D E X H U H N A T I
I I S E J E R D O O R S C F S A
H K S H N S R E C E I V E Q V F
C K P S X E W Y O U L L Q J H A
A P Y R L M P E B D V O A B P I
E M U L A D A O H S C R M N R S
T C A V B Y N P L T J D E W O N
G H G L I T E I L T T E C I V V
S B X J B X N R F B D A D L I K
W U A V L E L P O E P Q M G D X
U J D O E I K N O C K C O R E S
```

Answers on page 177.

Mark 6:10-11

He said unto them, "In what place soever ye enter a house, there abide till ye depart form that place.

"And whosoever shall not receive you, nor hear you, when ye depart thence, shake off the dust under your feet for a testimony against them. Verily I say unto you, it shall be more tolerable for Sodom and Gomorrha in the day of judgement, than for that city."

ABIDE	PLACE
APOSTLES	PREACHING
BELIEVERS	PROSELYTIZE
CHRIST	RECEIVE
COMMAND	REPENTANCE
DEPART	SALVATION
DISCIPLES	SHAKE OFF
DUST	SHARING
FEET	SODOM
GOMORRHA	TESTIMONY
HEAR	THENCE
HOUSE	TOLERABLE
JUDGEMENT	WHOSOEVER
LISTEN	WORD OF GOD

```
G O M O R R H A G C A J T R S W
S M P H W T E E F T O R D K H R
E E C N E H T T L A A M E O A O
L E E Q Q P W I P P B E M N R M
P C Q Z S E S O E C I H Y A I J
I N C X I T S D T H R E N M N S
C A G O E T O I N R E A O E G D
S T M N L V Y Y E I V R M L S P
I N S E D E V L M S E D I B A R
D E S U P L A C E T O P T A L E
W P T M D S H W G S S R S R V A
O E S D O G F O D R O W E E A C
S R D D G E B E U S H R T L T H
F F O E K A H S J S W Q P O I I
Y M K C O E V I E C E R G T O N
M B E L I E V E R S C N H D N G
```

Answers on page 177.

John 18:37

Pilate therefore said unto him, "Art thou a king then?" Jesus answered, "Thou sayest that I am a king. To this end was I born, and for this cause came I into the world, that I should bear witness unto the truth. Everyone that is of the truth heareth my voice."

ANNAS

BARABBAS

BORN

CAIAPHAS

CAUSE

CROWN

CRUCIFIED

DELIVERED

EVERYONE

HEARETH

JERUSALEM

JUDAS ISCARIOT

JUDGEMENT

KINGDOM

PASSOVER

PONTIUS PILATE

QUESTIONING

RULER

THORNS

TRIAL

TRUTH

VOICE

WITNESS

WORLD

WRITTEN

```
B Q F M W D L R O W S C Y E D G
T A N N R M O D G N I K T Y V N
J R R U I U V U V E T A B J N I
B U L A I L C S E N L R U A O N
Y E D O B S M N A I W D I L R O
R Y D A A B O E P H G O H A K I
S T E N S Y A S L E P T R T L T
C N N N R I U S M A E A D C L S
R A R E E I S E F R S P I S V E
U C V O T T N C A R A U S A W U
C E I N H T T E A S W E R E C Q
I O O K C T H I S R N C S E D Z
F P E S U A C O R T I I J K J A
I L H I D X V O I W Y O B O R N
E K Z Q P E C W E S X V T U Y I
D Q D E R E V I L E D H T U R T
```

Answers on page 178.

Jesus Turns Water to Wine in John 2

APIECE

BARE

BEAR

BEGINNING

BELIEVED

BRIDEGROOM

CALLED

CANA

CONTAINING

DISCIPLES

EVERY MAN

FEAST

FILLED

FIRKINS

GALILEE

GOVERNOR

HIS GLORY

MANIFESTED

MARRIAGE

MINE HOUR

MIRACLES

MOTHER OF JESUS

PURIFYING

SERVANTS

SIX WATERPOTS

STONE

THIRD DAY

THREE

TO THE BRIM

TWO

WATER

WELL DRUNK

WINE

```
M I R A C L E S H I S G L O R Y G
S I X W A T E R P O T S P F X T S
M O T H E R O F J E S U S E R N Y
W X W L Y Y R I A I W E T I I L A
E M A N I F E S T E D G Z K N E D
Q C O N T A I N I N G A R B A R E
E V E R Y M A N D T H I R D D A Y
B E G I N N I N G W F R U O A R Y
B E A R P B R I D E G R O O M O I
N S E R V A N T S L R A H C A N A
G N I Y F I R U P Q E M E T F R T
A W E L L D R U N K T R N G I E S
L D I S C I P L E S A H I C L V A
I H P Z T H R E E C W L M W L O E
L D T B T O T H E B R I M I E G F
E D I W M D N C A L L E D N D A W
E X A U O F N E U B E L I E V E D
```

Answers on page 178.

Mark 10:21-23

Then Jesus beholding him loved him, and said unto him, "One thing thou lackest: go thy way, sell whatsoever thou hast, and give to the poor, and thou shalt have treasure in heaven: and come, take up the cross, and follow me."

And he was sad at that saying, and went away grieved: for he had great possessions.

And Jesus looked round about, and saith unto his disciples, "How hardly shall they that have riches enter into the kingdom of God!"

BEHOLDING	JESUS
CROSS	KINGDOM
DISCIPLES	LACKEST
DONATE	LOVED
FOLLOW	POOR
GENEROSITY	POSSESSIONS
GIVING	RICHES
GOD	ROUND
GREED	SELFISH
GRIEVED	SELL
HARDLY	TREASURE
HEAVEN	WORTHY

```
G R I E V E D D Z J S U P D R G E F
M B S A W D T S E H C I R I I T I M
U S K N B D T S E K C A L V E U H Y
M E E K O C F N P P C B I R A K F H
K I T R J I S E L L W N U K G L K W
H E Q A J Z S N D W G S Q K R B W F
N N U E N L Q S E U A J I E E E O C
X H S U Q O O N E E K N E S E H O N
G U S F P X D V R S G I G S D O Q E
S H W Y O G H T E D S N R O I L J V
Y S O I O B P N O D H O F R V D E A
H I R C R E M M C Z G A P C K I Q E
J F T D I S C I P L E S R K V N J H
V L H H B W G G V K J L R D R G B C
O E Y J D N K O O L B J T G L R V A
M S K O D A J U D C H C U F D Y Y B
R X Y T I S O R E N E G B H R D I V
F O L L O W D N U O R F I F D S C U
```

57   *Answers on page 178.*

Matthew 5:13

"Ye are the salt of the earth: but if the salt have lost his savor, wherewith shall it be salted? It is thenceforth good for nothing, but to be cast out, and to be trodden under foot of men."

APOSTLES

BLESSING

CAST

DISCIPLES

EARTH

FOLLOWERS

FOOT

GOD

GOOD

JESUS

LEARNING

MATTHEW

MEN

METAPHOR

MOUNTAIN

NOTHING

PEOPLE

SALT

SAVOR

TEACHINGS

THENCEFORTH

TRODDEN

UNDER

WHEREWITH

```
V Z P C T F R D X P B J H X W B
I I M P C H M J M E N U M N C X
M J Y J F S E L E A R N I N G M
O R O V A S B N D B A D O O G H
U I M L D H M T C P T X C N E K
N H T E L S S N O E G O O N H M
T Q S U T A E S E N F T O T P F
A V G F C A T L I D H O I F Q B
I E N V Q L P S P I D W R V S R
N F I R E G S H N I E O Q T S E
U A H S O E S G O R C G R U H D
E P C D L E N I E R S S S T N N
A B A B B S B H W Q E E I K I U
R Y E Z F W W I I C J O B D L U
T X T S R E W O L L O F Q V U B
H W E H T T A M P E O P L E O T
```

Answers on page 178.

Luke 5:34-35

And he SAID unto THEM, "Can ye MAKE the CHILDREN of the BRIDECHAMBER fast, while the BRIDEGROOM is with them?

But the days will COME, when the bridegroom shall be TAKEN away FROM them, and then SHALL they FAST in those DAYS."

```
K F R O M A Y J E J I B E B
M E H T C K W R J F N R O Z
D E E N F L B E I A A Y M C
O U H C L F S B U S R J M H
P D T A N B C M T T V O C I
P A H I U S K A S A T S U L
G S Q D A Z X H R B K E X D
G X Y I A R P C E S M E J R
P H D Y P Y S E K T H S N E
A Y I J Y M S D A E P W T N
M Z V E V O M I M B M E U I
M C L M R G K R U Q I O E J
A J J V K S S B K V S N C B
B R I D E G R O O M V M W C
```

Answers on page 179.

Matthew 7:13-14

"Enter ye in at the strait gate: for wide is the gate, and broad is the way, that leadeth to destruction, and many there be which go in thereat: Because strait is the gate, and narrow is the way, which leadeth unto life, and few there be that find it."

BROAD

CHALLENGE

DESTRUCTION

EASY

ENTER

FAITH

FEW

FIND

FOLLOW

GATE

HEAVEN

JESUS

LEADETH

LIFE

MANY

NARROW

REWARD

STRAIT

STRUGGLE

TEACHINGS

THEREAT

TRUST

VIRTUE

WIDE

```
Y B Z I G R T M W I L S B C G I
I B U I R S T R U G G L E E K L
S G N I H C A E T T K B P T B N
E M B N F D Y H T I A R T S O D
Y S B E A I R R F E R K W I K E
C N B U E R S E D I F A T C B Z
C H A S G A R I T O N C P D Q Z
E T H M N I W O L N U D A D I D
T E E J E I T L W R E O E J G G
A D A X L V O H T E R S U S E J
G A V C L W L S E B U E F I L V
T E E N A F E W T R O T X S R U
S L N W H D V X R V E K R E K T
U E X M C R E W A R D A A I W M
R A O N D A F A I T H S T D V J
T G C I X S H A U J Y V P B O V
```

Answers on page 179.

Mark 9:38-40

And John answered him, saying, "Master, we saw one casting out devils in thy name, and he followeth not us: and we forbad him, because he followeth not us."

But Jesus said, "Forbid him not: for there is no man which shall do a miracle in my name, that can lightly speak evil of me. For he that is not against us is on our part."

AGAINST US

AUTHORITY

CASTING

DEVILS

EVIL

EXORCISM

FOLLOWETH

FORBIDDEN

GOSPEL

HELPING

HOLINESS

JESUS

JOHN

KNOWLEDGE

LEADER

LESSON

LIGHTLY

MASTER

MIRACLE

NAME

NEED

QUESTION

RIGHT

TRUTH

WITH US

```
L T U M L I G H T L Y E Y O Z F
U U D B D R E T S A M F A X R T
Y D E E N Z P X H Y S L I V E D
F B J O H N C A S T I N G P C P
O L E S S O N K N O W L E D G E
R T N N O I T S E U Q E Q W B P
B F D K Y T I R O H T U A I Y A
I S K F Y S N F H G H J Y T L H
D P U L O W S W E S O M Q H I E
D R N T I L N E U L S S L U Z L
E J I A S V L A N I C E P S X P
N S N G M N E O C I A A U E K I
T R U T H E I R W D L S R H L N
D T A D C T O A E E E O Y I X G
B C I M Y X X R G J T D H L M P
L K C L E M E E G A A H I C B I
```

Matthew 5:21-22

"Ye have heard that it was said by them of old time, Thou shalt not kill; and whosoever shall kill shall be in danger of the judgement:

"But I say unto you, That whosoever is angry with his brother without a cause shall be in danger of the judgement: and whosoever shall say to his brother, Raca, shall be in danger of the council: but whosoever shall say, 'Thou fool,' shall be in danger of hell fire."

ANGRY	HOPE
BROTHER	JESUS
CAUSE	JUDGEMENT
COUNCIL	KILL
CRIME	MOUNTAIN
DANGER	OLD
DISCIPLES	PEACE
FIGHT	PUNISHMENT
FIRE	RACA
FOOL	SERMON
GOD	TEACHINGS
HEARD	TIME
HELL	WHOSOEVER

```
F  R  O  E  A  S  F  D  V  K  F  Y  F  S  F  G
A  N  G  R  Y  Z  E  I  A  K  C  S  F  E  J  M
R  G  H  G  Z  T  O  L  G  N  U  Y  O  R  U  I
Z  M  F  O  X  U  E  L  P  H  G  V  O  M  D  E
F  I  R  E  P  A  P  A  D  I  T  E  L  O  G  S
G  L  L  E  H  E  Y  A  C  L  C  F  R  N  E  U
G  C  O  U  N  C  I  L  A  H  D  S  R  O  M  A
P  U  N  I  S  H  M  E  N  T  I  E  I  J  E  C
N  I  A  T  N  U  O  M  B  G  V  N  J  D  N  O
K  J  B  Y  B  I  A  J  B  E  S  S  G  B  T  I
C  E  H  P  V  L  Y  M  O  V  S  F  R  S  O  K
W  S  M  B  N  P  H  S  Z  E  D  O  J  D  G  B
X  U  P  I  E  E  O  B  M  R  T  L  R  F  R  G
R  S  V  A  R  H  D  I  A  H  Y  E  L  A  L  O
N  F  C  E  W  C  T  E  E  B  G  F  C  I  U  D
U  E  J  E  T  K  H  R  M  Q  K  A  A  P  K  C
```

67 *Answers on page 179.*

Luke 12:22-24

And he said unto his disciples, "Therefore I say unto you, take no thought for your life, what ye shall eat; neither for the body, what ye shall put on. The life is more than meet, and the body is more than raiment.

"Consider the ravens: for they neither sow nor reap; which neither have storehouse nor barn; and God feedeth them: how much more are ye better than the fowls?"

BARN	LIFE
BETTER	MEAT
BIRDS	NEITHER
BODY	RAIMENT
CLOTHING	RAVENS
CONSIDER	REAP
DISCIPLES	SOW
EATING	STOREHOUSE
FEEDETH	THEREFORE
FOWLS	THOUGHT
HEALING	TRUST
HELPING	WEAR

```
E V G N I H T O L C J U L K X K
V S S E T Z V I F R U S K S H H
B X U O A Q G P M E A N I W O M
Q A T O W Y N E Z V E I M M R N
T T R Y H U V L Z R G D M K U L
T H E N L E I L E Y N P E E H F
S E H A T F R T J L I S Y T N I
T R T Y E H T O C O L K G D H T
Z E I N H E G O T W A M Y U O O
L F E G B H N U O S E S Q R W B
E O N L V S Z F O L H D M E E O
A R G N I P L E H H L R Z A A A
T E E D M E A T N W T I A P R D
I T E C W T R U S T C B X H B S
N R V X Q P D I S C I P L E S Y
G K K W N S Z S N E V A R G X S
```

Answers on page 180.

Mark 3:32-35

And the multitude sat about him, and they said unto him, "Behold, thy mother and thy brethren without seek for thee."

And he answered them, saying "Who is my mother, or my brethren?" And he looked round about on them which sat about him, and said, "Behold my mother and my brethren! For whosoever shall do the will of God, the same is my brother, and my sister, and my mother."

ANSWER	LOOKED
APOSTLES	MARK
BEHOLD	MOTHER
BELIEF	MULTITUDE
BRETHREN	PRAYER
BROTHER	SEEK
DISCIPLES	SISTER
FAITH	SURROUND
FAMILY	TEACHING
FOLLOWERS	TESTAMENT
GOSPEL	VIRTUE
HEAVEN	WHOSOEVER
JESUS	WILL OF GOD

```
H  L  M  U  L  T  I  T  U  D  E  F  F  J  T  D
H  E  T  E  A  C  H  I  N  G  E  Y  S  N  I  W
G  P  R  E  H  T  O  R  B  I  D  U  E  S  J  H
F  S  C  F  A  I  T  H  L  S  R  M  C  W  C  O
I  O  M  A  N  S  W  E  R  R  A  I  N  I  A  S
X  G  N  S  O  U  B  O  O  T  P  M  E  L  R  O
Z  A  B  X  J  K  N  U  S  L  M  S  R  L  Q  E
F  P  H  E  Y  S  N  E  E  L  A  A  H  O  R  V
U  O  G  X  H  D  T  S  V  O  R  A  T  F  E  E
K  S  L  L  O  O  K  E  D  A  K  O  E  G  H  R
P  T  R  L  U  J  L  R  P  L  E  M  R  O  T  F
S  L  Q  D  O  B  Y  D  U  R  I  H  B  D  O  A
V  E  L  O  U  W  N  W  Q  X  A  S  M  K  M  M
F  S  Z  S  U  S  E  J  S  E  C  Y  E  Y  A  I
V  I  R  T  U  E  T  R  L  K  Q  E  E  T  R  L
R  E  T  S  I  S  T  K  S  N  S  Z  F  R  F  Y
```

Answers on page 180.

Matthew 7:1-4

"Judge not, that ye be not judged. For with what judgement ye judge, ye shall be judged: and with what measure ye mete, it shall be measured to you again.

"And why beholdest thou the mote that is in thy brother's eye, but considerest not the beam that is in thine own eye? Or how wilt thou say to thy brother, 'Let me pull out the mote out of thine eye;' and behold, a beam is in thine own eye?"

ACTION
BEAM
BEHOLDEST
BROTHER
CAST
CLEARLY
CONSIDEREST
EYE
HELP
HYPOCRITE
IMPROVE
JESUS

JUDGE
JUDGEMENT
KINDNESS
MEASURE
METE
MOTE
OWN
PULL
SEE
SERMON
TEACHINGS

```
S  B  I  Z  E  Z  U  Y  W  Y  S  Z  N  S  P  F
J  R  E  D  T  T  M  A  L  M  L  R  W  T  E  T
E  G  F  Q  I  C  H  E  O  E  E  R  O  M  S  E
K  M  H  S  R  G  A  T  A  H  T  J  A  E  K  M
I  Z  J  J  C  Z  E  S  T  S  T  E  R  E  E  E
N  Q  E  S  O  O  B  O  T  N  U  E  M  E  L  A
D  D  V  G  P  M  R  T  S  N  D  R  Y  F  A  C
N  N  O  W  Y  B  W  E  S  I  C  E  E  B  Q  K
E  D  R  P  H  E  R  M  S  E  B  N  Y  M  W  Q
S  K  P  B  Q  M  O  N  Z  C  D  A  O  A  J  L
S  S  M  S  O  N  O  I  T  C  A  L  V  E  U  R
D  G  I  N  Q  C  U  V  S  P  D  G  O  B  D  K
R  T  N  E  M  E  G  D  U  J  H  X  N  H  G  Z
Q  B  T  O  T  E  A  C  H  I  N  G  S  T  E  Y
X  P  Q  P  U  L  L  W  S  J  E  S  U  S  L  B
A  D  P  L  E  H  I  U  E  E  X  Z  S  G  E  M
```

Answers on page 180.

John 8:12-14

Jesus spake again unto them, saying, "I am the light of the world; he that followeth me shall not walk in darkness, but shall have the light of life."

The Pharisees therefore said unto him, "Though bearest record of thyself; thy record is not true."

Jesus answered and said unto them, "Though I bear record of myself, yet my record is true: for I know whence I came, and whither I go."

ANSWER	LIVING
BEAREST	PHARISEES
BLESSED	QUESTION
DARKNESS	RECORD
DISCIPLES	SHINING
DOUBTING	SOUL
FAITHFUL	SPAKE
FEELING	TRUTH
FOLLOWETH	WALK
JESUS	WHENCE
JUDGEMENT	WHITHER
KNOWLEDGE	WORLD
LIGHT	

```
X O J E S M E P Q I J Q K S N S
B N G D E E S E E S I R A H P J
W S N W L K L E M R E C O R D I
H S I D B R A P V S Z Y N Y D Q
I L T K T I O P I V O O E B A T
T T B D W Z Q W S C I U L G R F
H J U D G E M E N T S E L K K O
E P O G V L S U S T S I N T N L
R Y D L N D U E Y S H O D S E L
V I R I T I U F E W W G U M S O
V W E V S Q N D H L H W I U S W
R A W I E P M I E T T E S L J E
C L S N R D S D H R I E N J S T
P K N G A I G D U S J A V C R H
N Q A Y E E P T W C I X F J E G
M I X O B M H V G N I L E E F N
```

Answers on page 180.

Mark 10:25-27

"It is easier for a camel to go through the eye of a needle, than for a rich man to enter into the kingdom of God."

And they were astonished beyond measure, saying among themselves, "Who then can be saved?"

And Jesus looking upon them saith, "With men it is impossible, but not with God: for with God all things are possible."

ALL THINGS
ASTONISHED
BEYOND
CAMEL
DISCIPLES
DOUBT
EASIER
ENTER
FAITHFUL
FEARFUL
HEAVEN
IMPOSSIBLE
JESUS

KEEPING
KINGDOM
LORD
MEASURE
NEEDLE
POSSIBLE
RICHES
SALVATION
TREASURE
WEALTHY
WELCOME
WONDER

```
W E E A N G I M P O S S I B L E
V K R L W W G L D W X S S T I E
K B U L V L N A U M W B W B W N
I R S T K D I R G F E U A U U T
N E A H H R S A E A H A P O Y E
G I E I S O X A S D W T S D B R
D S R N C L W T L E N E I U S I
O A T G C E O D A V L O E A R P
M E L S L N L L N P A G W Q F E
H K O C I Q T E I O N T D D P J
K Z O S N H N C M I Y D I O Q E
Y M H U Y E S G P A L E W O K S
E E J M E I V E U C C E B H N U
D O V D D Y E A R I C H E S L S
N I L B G K C S E L B I S S O P
V E F E A R F U L H N X B M V L
```

Answers on page 181.

Matthew 4:16-17

The people which sat in darkness saw great light; and to them which sat in the region and shadow of death a light is sprung up.

From that time Jesus began to preach, and to say, "Repent: for the kingdom of heaven is at hand."

BRIGHT

CAPERNAUM

COMING

DARKNESS

DEATH

GALILEE

GENTILES

GREAT

HAND

HEAVEN

JESUS

JORDAN

KINGDOM

LIGHT

LISTEN

NAZARETH

NEPHTHALIM

PEOPLE

PREACH

PROPHETS

REGION

REPENT

SHADOW

SPRUNG

TEACHING

WORD

ZABULON

```
A T T T H C B C T T N D N I M F
Z D A C N H D E N S H E N G B U
S V C E D E A E T R V G T A V Y
G I M W R C P E A A I J I S H J
N Y B I H G H E E T E I Q R I C
I Z F I L P G H R S H E U T B L
M J N H O A M M U A N R E P A C
O G P R T P H S A Q W O D A H S
C S P R P E G T D A R K N E S S
M F A T E O R N H Z A O A Q I R
O Y U H O A E A U P A I P G M E
D E X G P B C R Z R E B U B D G
G A L I L E E H Q A P N U V O I
N X U L E W O R D A N S I L J O
I Y H X S N A D R O J U N H O N
K J A X A S E L I T N E G J P N
```

Answers on page 181.

John 3:16-17

"For God so loved the world, that he gave his only begotten Son, that whosoever believeth in him should not perish, but have everlasting life.

"For God sent not his Son into the world to condemn the world; but that the world through him might be saved."

BEGOTTEN	LIFTED
BELIEVERS	LIGHTEN
BLESSING	LOVED
CHRIST	MARY
CONDEMN	MIGHT
CROSS	PEACE
CRUCIFIXION	PEOPLE
EASTER	PERISH
EVERLASTING	SACRIFICE
GIFT	SALVATION
GOD	SAVED
HEAVEN	WORLD
LIFE	

```
I  G  T  B  X  L  O  V  E  D  H  S  I  R  E  P
Y  B  D  E  E  A  E  F  P  T  A  N  H  B  N  Y
U  L  E  F  K  G  K  N  D  P  G  M  T  B  N  Y
V  E  T  I  W  N  O  S  R  E  V  E  I  L  E  B
G  S  F  L  Y  I  E  T  W  H  N  D  C  C  V  N
I  S  I  Z  Z  T  T  C  T  M  U  N  I  T  O  O
F  I  L  L  I  S  H  Z  I  E  K  O  Y  I  Y  M
T  N  E  M  H  A  G  P  E  F  N  C  X  R  Q  A
D  G  F  C  E  L  I  M  E  H  I  I  K  D  A  N
U  S  L  M  A  R  M  N  D  O  F  R  I  I  E  M
Z  A  P  R  V  E  T  B  I  I  P  W  C  T  X  E
C  V  Z  D  E  V  P  S  C  W  O  L  H  A  A  V
E  E  M  N  N  E  L  U  I  R  C  G  E  S  S  P
R  D  Y  K  O  Y  R  I  L  R  I  O  T  P  B  J
C  R  O  S  S  C  O  D  F  L  H  E  D  O  G  C
S  A  L  V  A  T  I  O  N  N  R  C  H  F  H  D
```

81 *Answers on page 181.*

Luke 12:32

"Fear not, little flock; for it is your Father's good pleasure to give you the kingdom."

BLESSED

FATHER

FEAR

FLOCK

FOUND

GIFT

GOOD

GUIDING

HEAVEN

KINGDOM

LITTLE

LIVING

LOST

LOVED

NATURE

PEOPLE

PLEASURE

PRAYER

PROVIDE

SALVATION

SEEKING

SHEEP

SHEPHERD

SURVIVAL

THRIVING

TREASURE

WANTING

```
S W F O U N D G L I V I N G T L
T A V E T X N K S Y Q Q F T H T
Z N L K M I M U M Y G P F D R B
L T S V D O R P X L R X F J I O
N I O I A V D Y L O O L W G V R
E N U M I T N G V E O V N B I T
V G T V N L I I N C A I E B N L
A P A R I F D O K I K S D D G O
E L Y T E E R N E K S U Z Z S
H Z T R S A S R E Y A R P R P T
S L E I R P S S B H G C B Q E N
E G P R Z B E U K P T O D M E U
G I W W U M L N R O B A O L H D
D F Y Z K T B E D E B D F D S F
Q T R A E F A H G P E O P L E L
Z P L U K P G N D R E H P E H S
```

Answers on page 181.

Matthew 5:43-45

"Ye have heard that it hath been said, Thou shalt love thy neighbor, and hate thine enemy.

"But I say unto you, Love your enemies, bless them that curse you, do good to them that hate you, and pray for them which despitefully use you, and persecute you;

"That ye may be the children of your Father which is in heaven: for he maketh his sun to rise on the evil and on the good, and sendeth rain on the just and on the unjust."

BLESS	LOVE
CHILDREN	NEIGHBOR
CURSE	PERSECUTE
DESPITEFULLY	PRAY
ENEMY	RAIN
EVIL	RISE
FATHER	SAID
GOOD	SERMON
HATE	SUN
HEARD	TEACHINGS
HEAVEN	UNJUST
JESUS	USE
JUST	VIRTUE

```
W F E T U C E S R E P Y Y D N H
Y U P R A Y F H Y K B P I U O T
O L S V S N E I G H B O R C O B
G Y L U H T E U T R I V N U Z C
P B S U A L J B T T R C R R T M
P E S H F T B E U S I H I S S Q
J G Y E A E A L F U U I G E U B
V R F V R C T L E J C L S H J B
D O O G H M A I P S I D O E N R
K N X I M C O E P R S R D A U H
L Y N Z W O S N E S C E I R A Y
Q G R F Y I S H T C E N A D V M
S L A N R U T N W P V D S Z T E
V J I J N A S Z H E A V E N G N
H D N A F W L I V E W Y B G X E
H U H L O V E O B X V C H E S U
```

Answers on page 182.

John 6:49-51

Your FATHERS did eat MANNA in the WILDERNESS, and are DEAD.

This is the BREAD which COMETH down from HEAVEN, that a man may EAT therof, and NOT DIE.

I am the LIVING bread which came DOWN from heaven if ANY man eat of THIS bread, he shall LIVE for ever: and the bread that I will GIVE is my FLESH, which I will give for the LIFE of the WORLD.

```
T Q O D H L O Y X M D Z C O
V Y A H J T J Y E N N L W E
R E O K Y N E E F E E L P I
D F G C S J M M V T V W H D
E E T Y E C D A O R I M Z T
A A N N C O E P N C G Z A O
R A T P W H J D L N F P T N
P L L N J R A O S H A H J O
H X I D L R O W B I T R A C
N S F V Z X A W R X H R X B
O R E C I K K B E A E T C G
F L E S H N V J A E R C N K
V S E V I L G X D X S C N Q
H W I L D E R N E S S N V V
```

Answers on page 182.

Matthew 8:23-26

And when he was entered into a ship, his disciples followed him. And behold, there arose a great tempest in the sea, insomuch that the ship was covered with the waves: but he was asleep. And his disciples came to him, and awoke him, saying, "Lord, save us: we perish."

And he said unto them, "Why are ye fearful, O ye of little faith?" Then he arose, and rebuked the winds and the sea, and there was a great calm.

AROSE	LITTLE
ASLEEP	LORD
AWOKE	MIRACLE
BEHOLD	PERISH
CALM	REBUKED
COVERED	SAVE
DISCIPLES	SAVED
ENTERED	SEA
FAITH	SHIP
FEARFUL	TEMPEST
FOLLOW	TRUST
HELP	WAVES
JESUS	WINDS

```
Y O L F Q G U C P L E H J T D K
V D I X U O J A W O K E E U Z C
A V T A E L C A R I M M H P A T
Z A T O E C W I O Q P C B L R G
F O L L O W O Q M E D E M U D D
Q U E S P I V V S D H Y S O E Y
P F Y U E I F T E O K T R R V N
S S E S E N Z V L R F M E S K O
Z E C E L L A D Y E E T B E H Y
B A L J S S U I D V N D U V M E
E O A P A P O W L E S W K A A V
A S P M I F E A R F U L E W D W
Z M O I P C G O C L O R D N E I
P Z F R H W S I H S I R E P H N
D Y N H A S N I E V A S V Y D D
Q J W H T I A F D E F W L Y C S
```

Answers on page 182.

Mark 9:41-42

"For whosoever shall give you a cup of water to drink in my name, because ye belong to Christ, verily I say unto you, he shall not lose his reward. And whosoever shall offend one of these little ones that believe in me, it is better for him that a millstone were hanged about his neck, and he were cast into the sea."

BELIEVERS

BELONG

CAST

CHILDREN

CHRIST

CUP OF WATER

DRINK

FAITHFUL

FATHER

FLOCK

FORGIVENESS

HANGED

LITTLE

LOSING

LOVE

MILLSTONE

MY NAME

NECK

OFFEND

ONES

PROTECTION

PUNISHMENT

REDEMPTION

REWARD

SHEPHERD

TROUBLE

WHOSOEVER

M L U F H T I A F T S I R H C R
S E H D R I N K S N B N L Y B A
H D N E F F O P O J E O T E K R
E V V X C O C I U M S C L P W E
P F Z T R X T F A I H O R Y N W
H L O E N P V N N I N O A O O A
E S V R M E Y G L G T O T N E R
R W R E G M M D R E H S E L W D
D A D E T I R H C E L S B A H I
B E E S V E V T S L H U E V O L
R K A L N E I E I I O T V I S K
Q C M I T O I M N R N Y A M O Z
U F C H N T G L T E G U N F E N
F L O C K I I L E R S W P E V E
H A N G E D L L Q B Y S G M E C
N V E F V C U P O F W A T E R K

Answers on page 182.

John 6:26-27

"Verily, verily, I say unto you, Ye seek me, not because ye saw the miracles, but because ye did eat of the loaves, and were filled.

"Labor not for the meat which perisheth, but for that meat which endureth into everlasting life, which the Son of man shall give unto you: for him hath God the Father sealed."

CAPERNAUM

DESERT

EATING

ENDURETH

EVERLASTING

FATHER

FEAST

FISHES

FULFILLMENT

LABOR

LIVING

LOAVES

MANNA

MEAT

MIRACLES

MOSES

PERISHETH

PREACHING

PROVIDE

RABBI

SEALED

SEEKING

SON OF MAN

VERILY

WITNESSES

```
P T L T L A B O R S E E K I N G
O K N A G N I T S A L R E V E V
P F G E W D K T E I F E W C L Y
Y A N M M S E N U E S I S O I P
P T I O O L D L M P T L E M V E
R H T M G U L U A N T T L O I R
O E A M R Z A I E E W S C S N I
V R E E A N Q S F G S A A E G S
I N T F R N S C C L B E R S Y H
D H A E W E N L D M U F I S D E
E W P M S J L A O E X F M V N T
K A D M F E P R E A C H I N G H
C U G F Z O J X U M V E X N L R
Y L I R E V N Q F N U E P Y L P
D T R E S E D O B C U O S B A T
I B B A R S E O S F I S H E S I
```

Answers on page 183.

Matthew 4:5-7

Then the devil taketh him up into the holy city, and setteth him on a pinnacle of the temple, and saith unto him, "If thou be the Son of God, cast thyself down: for it is written, He shall give his angels charge concerning thee: and in their hands they shall bear thee up, lest at any time thou dash thy foot against a stone."

Jesus said unto him, "It is written again, Thou shalt not tempt the Lord thy God."

ANGELS	PINNACLE
BEAR	PROTECTION
CAST	SETTETH
CHARGE	SON OF GOD
CITY	STONE
DASH	TAKETH
DEVIL	TEMPLE
DOWN	TEMPT
FOOT	THYSELF
HANDS	TRIAL
HOLY	WORDS
JESUS	WRITTEN
LORD	

```
F L E S Y H T S T E M P T L P W
P O D A S H T F X U R F O O V T
N D T X L O Q N N C H R G Y E T
P L W P N I C V J G D N J M T S
U D P E Q Y E G R A H C P O F D
P P I N N A C L E T S L O C H N
V R S F F E U I R B E F R T S A
G N O N B S R I I A D I E O N H
R S B T L B A F D Y L T M D E T
Y Y W E E L E T R O T Q P E T E
Y L G O C C B O S E W U E V T K
A N O I R G T Y S A J N V I I A
A H T H L D G I Y P C W N L R T
L Y U W R O S G O V U Q T F W Z
I N V D J O E H Y N S U S E J O
B J D O G F O N O S M A G K Y C
```

Answers on page 183.

John 5:24-25

"Verily, verily, I say unto you, He that heareth my word, and believeth on him that sent me, hath everlasting life, and shall not come into condemnation; but is passed from death unto life.

"Verily, verily, I say unto you, The hour is coming, and now is, when the dead shall hear the voice of the Son of God: and they that hear shall live."

ANGELS	LISTENING
BELIEVERS	LIVING
COMFORT	MIRACLE
COMMITMENT	PASSED
CONDEMNATION	RAISE UP
DEATH	READINESS
EVERLASTING	RISING
HEARETH	SON OF GOD
HEARING	VERILY
HEAVEN	VOICE
HONORABLE	WAITING
HOUR	WORD
JUDGEMENT	

```
D K A V O I C E W A I T I N G G
B D I B T D F O O G N I V I L X
E D T Y K D S I M H N Y V Y J E
E O C R E W W S J M G I L I L N
R G E A V U H P E N I I S B I I
W F L I E G T C I N R T A I D T
P O C S R Z N N O E I R M H R E
L N A E L H E I V M O D E E N B
A O R U A T M Q R N F A A R N W
N S I P S H E W O A V O J E O T
G D M I T R G H I E E T R R R D
E K L C I X D Q N U H H D T Q N
L N M D N Q U C P A S S E D E R
S B E Z G T J B H T E R A E H U
F B E L I E V E R S W U T A G O
C O N D E M N A T I O N H R J H
```

Answers on page 183.

Mark 4:30-32

"Whereunto shall we liken the kingdom of God? Or with what comparison shall we compare it? It is like a grain of mustard seed, which, when it is sown in the earth, is less than all the seeds that be in the earth: But when it is sown, it groweth up, and becometh greater than all herbs, and shooteth out great branches; so that the fowls of the air my lodge under the shadow of it."

BECOMETH

BELIEF

BIRDS

BRANCHES

COMPARISON

DISCIPLES

EARTH

FOWLS

GOSPEL

GREATER

GROWETH

HERBS

KINGDOM

LODGE

MUSTARD SEED

PARABLE

SAFETY

SHADOW

SHELTER

SHOOTETH

SOWN

SPREAD

TEACHINGS

WHEREUNTO

WORD

```
C F M N V O K H S F M I U E H O
N D O Q S I T G T U E V Z E T P
H W W W N D N N S E H Y C W E Z
D B O G L I R T U F W W H R T C
G R D S H S A I V E W O E G O A
S O O C I R D A B I R T R M O B
M S A W D I V H P L L E P G H E
M E D S C Y T M E E O A H B S A
T R E X T E W P H B R O N W E R
A E I E M E S S G I H D H E O T
D T F O I O S T S S B R E H B H
B A C O G P G O W O D A H S P P
S E V L R N N V D P A R A B L E
B R U E S E H C N A R B Z D E B
E G A H U V J F Z L O D G E F P
H D J H C D I S C I P L E S V H
```

Answers on page 183.

Luke 4:24-26

And he said, "VERILY I say unto you, No PROPHET is ACCEPTED in his own COUNTRY.

"But I tell you of a TRUTH, many WIDOWS were in ISREAL in the days of ELIAS, when the HEAVEN was shut up three YEARS and six MONTHS, when great FAMINE was throughout all the LAND,

"But unto NONE of them was Elias sent, save unto SEREPTA, a city of SIDON, unto a WOMAN that was a widow."

```
H  P  H  I  M  Q  D  M  Q  G  X  Q  J  P
Y  E  L  I  A  S  N  N  R  U  E  A  E  R
N  A  M  O  W  S  A  R  E  P  T  A  P  O
A  G  W  O  P  V  L  M  O  N  T  H  S  P
K  T  B  V  C  Q  E  A  R  A  O  D  Z  H
A  C  Y  L  I  R  E  V  C  E  R  D  Y  E
T  Z  O  R  L  N  N  C  Q  I  S  G  I  T
H  R  J  U  E  E  E  T  B  L  W  O  T  S
P  P  U  V  N  P  A  F  R  T  O  D  Y  E
F  H  A  T  T  T  A  R  F  X  D  V  E  R
H  E  T  E  H  M  R  N  S  A  I  B  A  M
H  Q  D  T  I  N  C  Y  X  I  W  Y  R  N
C  B  E  N  O  N  R  S  J  I  R  Y  S  E
M  B  E  X  L  M  M  G  T  E  L  S  Z  Q
```

Answers on page 184.

Matthew 5:33-37

"Again, ye have heard that it hath been said by them of old time, Thou shalt not forswear thyself, but shalt perform unto the Lord thine oaths:

"But I say unto you, Swear not at all; neither by heaven; for it is God's throne: Nor by the earth; for it is his footstool: neither by Jerusalem; for it is the city of the great King. Neither shalt thou swear by the head, because thou canst not make one hair white or black.

"But let your communication be, Yea, yea; Nay, nay: for whatsoever is more than these cometh of evil."

BLACK	HEAD	SAID
CITY	HEARD	SERMON
COMETH	HEAVEN	THRONE
COMMUNICATION	JERUSALEM	THYSELF
EARTH	KING	WHATSOEVER
EVIL	LORD	WHITE
FOOTSTOOL	NAY	WORD
FORSWEAR	OATHS	YEA
GREAT	OLD TIME	
HAIR	PERFORM	

```
E N L I V E S F L E S Y H T B C
F Y A H D H T E M O C N S Q O A
J C L Y E G A E M G Q E E M E D
R E C I N A A C K I R Z M Y A K
A T R I G R V M O M T U J E M C
E H K U T Y N E O M N D H Z C A
W R O H S G E N N I R W L M I L
S O S A P A G K C A F O Z O T B
R N H S T L L A A S O K F I Y Q
O E H D U H T E A Y O C M R U E
F P L Q R I S I M D T P F Q E Y
R W U I O O D R R R S F Y Q T P
Y I R N M B L A Z I T Z W O L H
W H A T S O E V E R O W H I T E
Y C A H F H U L M T O J G Z T T
W O R D F T A E R G L J J S P I
```

Answers on page 184.

John 8:28-29

Then said Jesus unto them, "When ye have lifted up the Son of man, then shall ye know that I am he, and that I do nothing of myself; but as my Father hath taught me, I speak these things.

"And he that sent me is with me: the Father hath not left me alone; for I do always those things that please him."

ABIDING	JOHN
ACTIONS	JUDGE
ALWAYS	LIFTED
APPROVAL	LOVE
BELOVED	MYSELF
COMMITMENT	NOTHING
DISCIPLES	PLEASE
FAITHFUL	SON OF MAN
FATHER	SPEAK
GOODNESS	TAUGHT
GOSPEL	THINGS
JESUS	UNDERSTOOD

```
S U Z F V G T H I N G S P A B J
O N Q S A L N Z I R D Q B F C T
O D U T P I O I M V E J S L D R
M E S R S E T V H U A O F E Z D
M R O E N Y A H E T G H G S Z I
W S N H O E A K F O O N F Y T S
U T O T I E G W S U I N K M H C
U O F A T Z N P L D L L F L G I
Z O M F C E E K I A V B G I U P
S D A K A L B B J E S U S F A L
W Q N Z Z E A F W D C U B T T E
V F E Z L S S E N D O O G E I S
U S I O E S A E L P P Y B D Z Z
S W V I L Z W L A V O R P P A M
G E Q Y I U P R E G D U J A S X
D I C O M M I T M E N T N B H H
```

Answers on page 184.

Matthew 9:2-7

And behold, they brought to him a man sick of the palsy, lying on a bed: and Jesus seeing their faith said unto the sick of the palsy; "Son, be of good cheer; thy sins be forgiven thee."

And behold, certain of the scribes said within themselves, "This man blasphemeth."

And Jesus, knowing their thoughts, said, "Where for think ye evil in your hearts? For whether is easier, to say, 'Thy sins be forgiven thee;' or to say, 'Arise, and walk'? But that ye may know that the Son of man hath power on earth to forgive sins," (then saith he to the sick of the palsy,) "Arise, take up thy bed, and go unto thine house." And he arose, and departed to his house.

ARISE	GOOD CHEER	POWER
BEHOLD	HEALING	PRAYER
BLASPHEMETH	HEARTS	SCRIBES
DEPARTED	HELP	SEEING
EARTH	HOUSE	SICK
EASIER	JESUS	SINS
EVIL	LYING	SON OF MAN
FAITH	MIRACLE	WALK
FORGIVEN	PALSY	

```
Y G H E K E V I L K W J E S Y K
D W E S S L L H T R A E E H I G
B H A I B Y A H E A R T S E S R
E S L R L E U W I N X O R N U E
H I I A A S E B I R C S A A S I
O C N D S F R T S F R M E Q E S
L K G E P U O I R W F E T Y J A
D I T T H G L M N O N U Y P C E
M B J R E D O T N E L W T A N K
E B Q A M U J O H E V H A H R G
H P B P E G S E D A I I T X N P
Y O H E T T L X N C U G G I F S
P S U D H P S N I S H P E R A J
Z S L S P M I R A C L E H B O F
A D F A E R E W O P S J E P G F
O Y D B P I F G N I Y L K R A W
```

Answers on page 184.

Luke 6:43-45

"For a good tree bringeth not forth corrupt fruit; neither doth a corrupt tree bring forth good fruit. For every tree is known by his own fruit. For of thorns men do not gather figs, nor of a bramble bush gather they grapes.

"A good man out of the good treasure of his heart bringeth forth that which is good; and an evil man out of the evil treasure of his heart bringeth forth that which is evil: for of the abundance of the heart his mouth speaketh."

ABUNDANCE	LESSON
BRAMBLE	MOUTH
BUSH	PARABLE
CONGREGATION	PEOPLE
CORRUPT	SELFISHNESS
EVIL	SPEAKETH
FIGS	TEACHING
FRUIT	THORNS
GOOD	TREASURE
GRAPES	TREE
HEART	UNDERSTANDING
JESUS	VIRTUE
KINDNESS	

```
X K P A R A B L E Z V X F A Y M
Q X G N I D N A T S R E D N U T
N R A F R U I T S Z C C E G O L
M X A B H D N S H E N C G H P S
B H X B B G E C U O O Z J Z P S
R V Q U U N T H N R E H E S Y
A C S W D N R F G G S N A E E C
M H O N V I D R I U O K S R L D
B C I R V G E A S E G H Q U F W
L K D E R G N Q N T S E L S I H
E S X O A U S I H C K A I A S T
R H S T O L P E H S E R V E H U
T Z I W T G N T P C O T E R N O
N O X W R M C Q A A Y S T E M
N B T L E S S O N Z R E Q Q S A
E L P O E P A H B J Q G T Q S C
```

Answers on page 185.

John 7:37-38

In the last day, that great day of the feast, Jesus stood and cried, saying, "If any man thirst, let him come unto me, and drink. He that believeth on me, as the scripture hath said, out of his belly shall flow rivers of living water."

BELIEVETH

BELLY

COMFORT

CRIED

DRINK

ETERNAL

EVERLASTING

FEAST OF
TABERNACLES

FLOWING

FORGIVENESS

GLORIFIED

GREAT

HEAVEN

JESUS

LIVING WATER

LOVE

MARVEL

MIRACLE

PROPHETS

RIVERS

SALVATION

SCRIPTURE

SPIRIT

TEMPLE

THIRST

```
F  H  T  W  V  I  U  E  S  C  R  I  P  T  U  R  E  S
N  E  V  H  G  K  Q  O  A  R  S  T  T  C  Q  E  L  Z
V  N  A  R  I  M  I  M  M  A  F  K  O  A  L  A  F  L
H  K  E  S  V  R  J  I  L  E  L  M  R  P  N  G  B  L
S  A  W  G  T  V  S  V  N  H  F  W  M  R  Q  N  Q  R
T  S  G  P  Q  O  A  T  A  O  P  E  E  W  A  I  E  K
X  N  S  N  R  T  F  H  R  K  T  T  F  C  N  T  J  N
R  L  L  E  I  O  N  T  R  T  E  J  X  V  A  S  L  I
E  E  P  O  N  W  P  U  A  N  I  Y  Y  W  N  A  S  R
G  V  N  D  V  E  O  H  R  B  D  R  G  R  M  L  M  D
L  R  D  W  E  E  V  L  E  Q  E  N  I  J  D  R  R  V
O  A  G  B  L  I  A  I  F  T  I  R  P  P  O  E  I  H
R  M  F  C  P  Q  R  Q  G  V  S  T  N  K  S  V  V  P
I  D  M  Y  F  J  Z  C  I  R  R  Y  Z  A  S  E  E  W
F  H  T  E  V  E  I  L  E  B  O  S  V  S  C  O  R  A
I  J  R  D  H  E  A  V  E  N  S  F  V  B  M  L  S  W
E  Q  G  A  C  O  J  E  S  U  S  Y  L  L  E  B  E  W
D  C  S  E  K  Y  E  L  C  A  R  I  M  O  Y  J  H  S
```

Matthew 5:14-16

"Ye are the light of the world. A city that is set on a hill cannot be hid. Neither do men light a candle, and put it under a bushel, but on a candlestick; and giveth light unto all that are in the house. Let your light so shine before men, that they may see your good works, and glorify your Father which is in heaven."

BRIGHT

BUSHEL

CANDLE

CANDLESTICK

CITY

FATHER

GIVETH

GLORIFY

GOOD

HEAVEN

HID

HIDE

HILL

HOUSE

JESUS

KNOWLEDGE

LIGHT

LOVE

SHARE

SHINE

SHOW

TEACHING

WORKS

WORLD

WORSHIP

```
N E V A E H N N O Z M D J K O Q
K Y G P G S O L I G H T G I U G
I G B V L H G A U S U S E J T H
I F K P O I O C I T Y H H E B C
U E E C R N O L C S T K A H B X
G V S H I E D L F E H C H R J K
F O U J F T V Q V A H A I G N U
W L O K Y G S I I I T G R D L F
O Q H B B M G E N M H H I E E Q
G J E A Q O D G L T E H E D H R
E G D E L W O N K D O L L R S Q
I E T B W E P C H K N R D F U Z
E X S O D F U G U I O A S N B A
Y E R I E Z W I B W L M C W A P
Q K H Q M Y B I P I M L X K U C
S W O H S W O R S H I P O D T G
```

113   *Answers on page 185.*

Mark 8:34-37

And he had called the people unto him with his disciples also, he said unto them, "Whosoever will come after me, let him deny himself, and take up his cross, and follow me. For whosoever will save his life shall lose it; but whosoever shall lose his life for my sake and the gospel's, the same shall save it.

"For what shall it profit a man, if he shall gain the whole world, and lose his own soul? Or what shall a man give in exchange for his soul?"

AFTER
APOSTLES
BELIEVERS
CALLED
CROSS
CRUCIFIXION
DENY
DISCIPLES
EXCHANGE

FAITH
FOLLOWERS
GOSPEL
HEAVEN
HELL
LIFE
LOSE
LOST
MY SAKE

PEOPLE
PROFIT
SALVATION
SAVE
SOUL
WHOLE
WORLD
WHOSOEVER

```
T B X L J D L R O W E L O H W Z
T P O U E J P G P E O P L E G K
S S S O R C G N F L I F E B Y
E J L S A L V A T I O N N R O D
N Q S G M P J X A P E D E N Y E
A O E E E G N A H C X E B W C L
Y H I X L Z L H A Z N E K H S L
K M Z X Y T E P X T L M S O E A
L W Y K I A S L T I N R A S L C
U U B S V F E O E C E O F O P O
T E O E A P I V P W X F T E I X
J I N S S K E C O A A G E V C B
E L F O H R E L U I D T R E S L
V E G O S E L D T R S Y L R I G
A U M R R O L H P O C L O M D K
S M N R F P M L L X J G P E C S
```

Answers on page 185.

Mark 8:38-9:1

"Whosoever therefore shall be ashamed of me and of my words in this adulterous and sinful generation; of him also shall the Son of man be ashamed, when he cometh in the glory of his Father with the holy angels."

And he said unto them, "Verily I say unto you, That there be some of them that stand here, which shall not taste of death, till they have seen the kingdom of God come with power."

ADULTEROUS	FATHER	MY WORDS
APOSTLES	GENERATION	POWER
ASHAMED	GLORY	SINFUL
CHRIST	GOSPEL	SINNERS
COMETH	HEAVEN	SON OF MAN
DEATH	HOLY ANGELS	TASTE
DENYING	JESUS	TEACHINGS
DISCIPLES	KINGDOM	THEREFORE
DOUBTERS	LISTEN	VERILY
FAITHFUL	MULTITUDES	

```
R K T F G N I Y N E D Y V P P V
L E S Q S E D U T I T L U M A P
A M W O A P O S T L E S Q I L V
S V O O N Z S D B E L U U U S G
H E U D P O S U R S A U F S E U
A R L K G D F O O E I H F N E D
M I M P R N F M H R T N E N E J
E L F O I E I A I E R N A I L
D Y W A R C A K A N A T T E I S
T Y M E T V S F L T C H L S R J
M G H R E H R I I U H T T U M S
D T M N N H E O D V I E L E D B
C H R I S T N R S W N M R T C A
H O L Y A N G E L S G O I S B E
B G O S P E L I E I S C W A C E
G L O R Y S R E T B U O D T K Y
```

Answers on page 186.

Luke 21:33

"Heaven and earth shall pass away: but my words shall not pass away."

BEYOND

BIBLE

CHRIST

EARTH

ETERNAL

FULFILLMENT

GOSPELS

HEARTS

HEAVEN

HOLINESS

HOLY SPIRIT

JESUS

JOHN

LIVING

LOVING

LUKE

MARK

MATTHEW

OFFERING

PASS AWAY

PEOPLE

TEACHINGS

TEMPLE

TESTAMENT

WITNESS

WORDS

```
T S W S L E P S O G J E S U S U
J N K E A U E L P O E P W J S H
V K E B Q Y T E S T A M E N T E
K A C M U T F E T E R N A L L A
E W S W L T I R I P S Y L O H R
B U D I Q L F K R A M F L B T T
P D R T H T I F J B C U D E U S
A N O N Q O S F S I K X A R T K
S O W E G M L M L E C C L H S B
S Y B S Y N A I H U H Z O T I I
A E H S L T I E N I F Z V R R B
W B J J T I A R N E T P I A H L
A X J H O V V G E B S B N E C E
Y X E P E H S I S F Y S G Q P N
P W R N N O N J N F F O B F O R
T X E L P M E T Y G P O W I W O
```

Matthew 5:46-47

"For if ye love them which love you, what reward have ye? Do not even the publicans the same? And if ye salute your brethren only, what do ye more than others? Do not even the publicans do the same?"

BAD

BIBLE

BRETHREN

CHRIST

DISCIPLES

GENEROSITY

GOD

GOOD

HATE

HEAVEN

JESUS

LOVE

MOUNTAIN

OPENNESS

OTHERS

PEOPLE

PUBLICANS

REWARD

SALUTE

SAME

SERMON

SHARE

TEACHINGS

UNIVERSAL

VIRTUE

```
F Z G D A W P Y I B E G M V S A
S M O I S D U C M R R O P S J S
A J O S Z R S N A U U P E R N E
L E D C J N E H I N J N Z A L U
U L J I O V S H T V N E C X W T
T B E P S K U A T E E I V P O R
E I S L I A I S P O L R C O X I
N B U E J N M O P B R W S D L V
U C S S R B C E U W W E D A R X
O C Z G L H Y P C X E O W B L A
G E N E R O S I T Y G D H A K K
R K W I C B R E T H R E N G R M
B F S S Z N G Y F I H A T E E D
I T B S G N I H C A E T I I Y O
E L P O E P H S S S E R M O N M
M A G H F V L J N E N E V A E H
```

Answers on page 186.

Luke 6:27-29

"But I SAY unto YOU which HEAR, Love your ENEMIES, do GOOD to them which HATE you.

"BLESS them that CURSE you, and PRAY for them which DESPITEFULLY use you.

"And unto him that SMITETH thee on the one CHEEK offer also the OTHER; and him that TAKETH away thy CLOAK forbid not to TAKE thy COAT also."

```
L O E S C L G J A V I S Y H
M X O Q T O O T H E R L E T
G B U K O A Y I L E L S E E
T W G D R G O Q F U R E T T
T P X Y J S X C F U N D Y I
L U E T A H E E C Z R A U M
V H E A R S T I Y O R V O S
F R U Q C I L Q M P A B G T
H O B L P K E C L E P I Y B
W W O S W E B U P N N R S F
T A E V T E L Q O U A E D U
K D Q D A H E X S W V P P O
T Z Z H K C S H D V O Y X Y
E V L O E O S D H T E K A T
```

Answers on page 186.

Luke 6:30-32

"GIVE to EVERY man that ASKETH of THEE; and of him that taketh AWAY thy GOODS ask them not AGAIN.

"And as ye WOULD that men SHOULD do to you, do ye ALSO to them LIKEWISE.

"For if ye LOVE them which love YOU, what THANK have ye? for SINNERS also love THOSE that love THEM."

```
H W O X Y Y W Z R Y Z U Y S
P N A V D W T H O S E O T U
G W G E H B O I X R V Y B Y
H I A L J T G U E V O L K E
S W I I P I E J L G R H A M
R K N A V Q E K L D E K E L
E Z W E Q Z R J S V N S W Q
N R B G A W A Y E A I E K P
N T S U W V L R H W S C U D
I H D F C F Y T E S A C M Q
S E O Q I N K K O S T B P H
Y E O Y Q A I V Q S K H Y L
O T G L D L U O H S L J E F
B V O F U M A J I T Q A P M
```

Answers on page 187.

Matthew 4:8-10

The devil taketh him up into an exceeding high mountain, and sheweth him all the kingdoms of the world, and the glory of them; and saith unto him, "All these things will I give thee, if thou wilt fall down and worship me."

Then saith Jesus unto him, "Get thee hence, Satan: for it is written, Thou shalt worship the Lord the God, and him only shalt thou serve."

DEVIL	ONLY
DOWN	POWER
EXCEEDING	RESISTANCE
FALL	RULE
GIVE	SATAN
GLORY	SERVE
HENCE	STRENGTH
HIGH	TAKETH
JESUS	TEMPTATION
KINGDOMS	WEAKNESS
LISTEN	WORLD
LORD	WORSHIP
LOYALTY	WRITTEN
MOUNTAIN	

```
W N Q X M U D Y F B S V R D P T
W R I T T E N N T S H E A L D S
N H T E K A T Q E L S T P R H A
E A H R E Z N N S I A I Q O J T
L J W V O C K L S E H Y E W Y A
U J I X Q A I T X S R E O V H N
R G O S E S A P R O K V N L A G
M G S W T N P O M L E L E X E X
O H E E C R W E X C E E D I N G
U I N E D R E G J H E N C E M T
N G W X D R E N V E X V Y B O V
T H C O T F O W G P S D E V I L
A O W O N L Y L O T F U V B J H
I N Y R O L G F L P H G S F A S
N O I T A T P M E T O L L A F N
S I C A F R S M O D G N I K J L
```

Mark 2:16-17

And when the scribes and the Pharisees saw him eat with publicans and sinners, they said unto his disciples, "How is it that he eateth and drinketh with publicans and sinners?"

When Jesus heart it, he saith unto them, "They that are whole have no need of the physician, but they that are sick: I came not to call the righteous, but sinners to repentance."

BELIEVERS	PREACHING
DISCIPLES	PUBLICANS
DOUBT	QUESTIONING
DRINKING	REPENTANCE
EATING	RIGHTEOUS
FAITH	SALVATION
JESUS	SCRIBES
KINDNESS	SICK
LORD	SINNERS
NEED	UNDERSTANDING
PHARISEES	VIRTUE
PHYSICIAN	WHOLE

```
U A P E U T R I V E J T Q P K J
G L N H K M F P C L P B V R C H
N Z K C A A E N F U L U S W Z A
I V I P I R A L B I D O U H E O
D S M T O T I L O R A D O O Q J
N K H M N N I S O H U J E S U S
A V I E X C A L E B W D T S E D
T S P N A E B I S E S D H C S D
S E R N D O G E C A S E G R T Y
R S S E L N L N L I X E I I I R
E F W R N P E V I I S N R B O W
D N G S I N A S W K E Y L E N M
N P M C V T I I S G N V H S I H
U F S U I O D S X B R I E P N A
U I U O G N I T A E P Y R R G W
D S N G N I H C A E R P W D S J
```

129

Answers on page 187.

Matthew 10:26-28

"For there is nothing covered, that shall not be revealed; and hid, that shall not be known. What I tell you in darkness, that speak ye in light: and what ye hear in the ear, that preach ye upon the housetops.

"And fear them not which kill the body, but are not able to kill the soul: but rather fear him which is able to destroy both soul and body in hell."

BEELZEBUB	HID
BIBLE	HOUSETOPS
BODY	JESUS
COURAGE	KILL
COVERED	KNOWN
DARKNESS	LIGHT
DESTROY	NOTHING
DISCIPLES	PREACH
EAR	REVEALED
FAITH	SOUL
FEAR	SPEAK
HEAR	TEACHINGS
HELL	WORDS

```
D Y Z G O U O C H Y Y H J C D S
I H C S M L N F W M H Z O J I O
H W O O S A L Y E C O U E E S U
Z W I U V E F I A A R D M S C L
G R H P S E N E K A R S Y U I Y
L L E H H E R K G P I J G S P J
F C D E U P T E R E L B I B L B
L J E H H U S O D A B O D Y E O
B S L R T X G V P P D O S E S B
T E A C H I N G S S Y E L N N I
X O E S P E A K M I T Z B O E P
U E V H O V G F P H E N S T N E
U P E D W R Z S G B I R D H W R
I A R M A C O I U Q T W R I O W
R W V E D G L B E G C R O N N N
L N Y Y O R T S E D Q A W G K Z
```

Answers on page 187.

John 11:25-26

"I am the resurrection, and the life: he that believeth in me, though he were dead, yet shall he live: And whosoever liveth and believeth in me shall never die."

BELIEVETH

BROTHER

CHRIST

COMFORT

DEATH

EVERLASTING

FAITHFULNESS

HEAVEN

JESUS

LAZARUS

LIVING

LOVE

MARTHA

MARY

MIRACLE

PROPHESY

RESURRECTION

RISEN

SACRIFICE

SALVATION

SICKNESS

SISTER

SOUL

WEEPING

WORLD

```
F T M N B B E L I E V E T H O M
R O E V O L J S N C S P D D A P
W D N D S I Q E Q E S C L R S R
B O O L A W T B S Z V U Y I N O
C T I R C L S C B U O A C X H P
X D T O R A S N E S S K E E A H
P E A W I Z E B G R N E V H H E
J A V G F A N U R E R E M E T S
Z T L N I R L B S O R U L U R Y
T H A I C U U S G L T C S G A S
R U S V E S F D A R A H N E M I
O D O I G R H S G R I I E F R S
F U J L W K T P I X P S N R L T
M K R A H I I M S E J F E H W E
O R N R N L A O E J L U N N J R
C A E G E T F W B C H R I S T N
```

Answers on page 188.

Matthew 6:24

"No man can serve two masters: for either he will hate the one, and love the other; or else he will hold to the one, and despise the other. Ye cannot serve God and mammon."

CANNOT	MASTERS
DESPISE	ONE
GOD	OTHER
HATRED	PRAYER
HOLD TO	PREACH
HOLY	SERMON
JESUS	SERVE
LORD	TEACHINGS
LOVE	TESTAMENT
LOYAL	TWO
MAMMON	WORSHIP
MAN	

```
Y B U E V R E S C E H W O T A F
T E A C H I N G S V L V X S Z Q
Y D Q T C M D G N O M R E S J T
W R Y O O W Q G N L P R A Y E R
U E J N D X O C B C L O Y A L N
E H F N G D Z Y I T H E A P S C
P T V A O Y A D E Z X O R E W J
Q O O C E N O S E O Q E L K O P
U T E I C U T D T R A N S Y R G
D M T W O A A D R C T R I J S J
M E T M M H L M H O E A X C H E
H A S E S O S P A T L G H M I S
V F N P H M U Y S M W F K X P U
I T L D I G M A Y T M X L O I S
E L A D M S M M L R I O Y B F R
I G R L W S E V Y B M D N H M F
```

135

Answers on page 188.

Luke 11:34-36

"The light of the body is the eye: therefore when thine eye is single, thy whole body also is full of light; but when thine eye is evil, thy body also is full of darkness. Take heed therefore that the light which is in thee be not darkness. If thy whole body therefore be full of light, having no part dark, the whole shall be full of light, as when the bright shining of a candle doth give thee light."

BLESSING	HOLY
BODY	JESUS
BOOK	LIGHT
BRIGHT	LUKE
CANDLE	MULTITUDES
COMPLETE	SHADOW
DARKNESS	SHINING
EVILNESS	SINGLE
FAITHFUL	TEACHINGS
FOLLOWER	TESTAMENT
FULL	VIRTUE
GOSPEL	WHOLE
HEED	

```
U P L L H G L E L D N A C D M M
R G T N L E X Z S R R D A U G S
S N H H H U L J L H D K E Y Y Q
G I H T G L F G H U A O R D G U
N N U V F I I F N M U D O C V F
I I O I H A R G W I G B O O A Z
H H J R G E I B H F S M R W G E
C S D T Z H B T R T P S E F V V
A P F U E I B A H L N A W V J I
E A B E G E X L E F F L O H E L
T O D B B M L T E S U E L F S N
L Z H O L Y E O L S K L L K U E
D A R K N E S S H U S M O O S S
H B L E P S O G L W U I F O M S
S X O T N E M A T S E T N B C C
F B S E D U T I T L U M T G A M
```

Answers on page 188.

Mark 9:33-35

And he came to Capernaum: and being in the house he asked them, "What was it that ye disputed among yourselves by the way?"

But they held their peace: for by the way they had disputed among themselves, who should be the greatest.

And he sat down, and called the twelve, and saith unto them, "If any man desire to be first, the same shall be last of all, and servant of all."

ANDREW	GREATEST	RANK
APOSTLES	HOUSE	SERVANT
BARTHOLOMEW	JAMES	SHOULD
BELOVED	JOHN	SIMON
BETTER	JUDAS	THADDEUS
CAPERNAUM	LAST	THOMAS
CLOSEST	MATTHEW	TWELVE
DESIRE	PEACE	
DISPUTED	PETER	
FIRST	PHILIP	

```
W R Y I W D E T U P S I D V Z Z
S E R V A N T T H A D D E U S N
T J I Y A N R G R E A T E S T F
S G J K O J Y T S A L P C I I Q
E R B A R T H O L O M E W R S L
S Q A O M U Y I N U A X S I O A
O U S N D E J J A B L T M M P H
L C B T K P S N C E M O Q O Y O
C N Q E E I R H W L N E S E S U
W R Q T T E V E P O Z T X P A S
J E E S P T H G E V L W E H D E
H R R A B T E N M E W E C I U E
E W C I T E H R S D Q X A L J W
M Y S A S O E V L E W T E I U I
U Y M E J E W E R D N A P P J Y
S A M O H T D X D L U O H S E A
```

Answers on page 188.

Matthew 5:29-30

"And if thy right eye offend thee, pluck it out, and cast it from thee: for it is profitable for thee that one of thy members should perish, and not that thy whole body should be cast into hell.

"And if thy right hand offend thee, cut it off, and cast it from thee: for it is profitable for thee that one of thy members should perish, and not that thy whole body should be cast into hell."

BIBLE	MEMBER
BODY	MOUNT
CAST	OFFEND
DISCIPLES	PERISH
EYE	PLUCK
GOODNESS	PROFITABLE
HAND	RIGHT
HELL	RIGHTEOUSNESS
INTERPRETATION	SERMON
JUDGEMENT	TEACHINGS
LEARNING	THEE
MATTHEW	WHOLE

```
H  E  S  E  R  M  O  N  B  Q  Q  M  A  O  K  C
S  G  P  G  C  U  S  G  N  I  H  C  A  E  T  Z
I  P  E  E  X  L  E  A  R  N  I  N  G  D  B  I
R  R  I  Y  D  A  R  E  B  M  E  M  I  E  N  U
E  O  U  E  V  Y  V  C  G  Q  S  K  L  T  R  S
P  F  R  I  G  H  T  E  O  U  S  N  E  S  S  E
T  I  G  H  M  P  E  A  H  Z  M  R  D  J  S  L
J  T  O  A  H  L  D  L  U  E  P  C  U  K  O  P
G  A  O  J  N  R  W  R  O  R  L  D  L  E  F  I
I  B  D  S  Y  V  U  E  H  G  L  W  L  F  C
B  L  N  Q  Q  J  F  T  E  W  E  U  B  E  S
N  E  E  L  Q  Z  A  N  M  P  H  T  B  I  N  I
H  A  S  X  H  T  U  E  L  T  S  O  E  B  D  D
A  A  S  R  I  O  N  U  T  A  D  C  D  L  Z  A
N  V  M  O  M  T  C  A  C  Y  R  I  G  H  T  L
D  Y  N  R  C  K  M  Q  N  L  N  T  H  E  E  J
```

Answers on page 189.

Luke 15:4-5

"What man of you, having a hundred sheep, if he lose one of them, doth not leave the ninety-nine in the wilderness, and go after that which is lost, until he find it? And when he hath found it, he layeth it on his shoulders, rejoicing."

CELEBRATION	ONE
FLOCK	PARABLE
FOUND	PROTECTION
FRIENDS	REJOICE
HEAVEN	REPENTANCE
HUNDRED	SEARCHING
JUSTICE	SHEEP
LAYETH	SHEPHERD
LEAVE	SHOULDERS
LOST	SINNERS
LOVING	STRANGERS
NEIGHBORS	WELCOME
NINETY-NINE	WILDERNESS

```
K I W M V R L L O S T S R E N N I S
T N T T L D X I C B O J Z F L O C K
N K U E C N A T N E P E R F F N H P
E R A H T E Y A L J C N P L F Z S Q
Q V E M F V Z I D E R D N U H R R N
E I Z N N R N K L E S H E E P S E T
F E G J I H I E V D C I J S X V G C
W S Y F C N B E S J D I E P A O N P
I W N G X R Y H N R E A T E J C A R
L J J K A T O T E D R L H S S X R O
D L D T E U K H E C S F B R U Y T T
E R I E L U P L H N A E O A T J S E
R O E D F E C I L Y I B M F R B C C
N K E J H M N A O H H N X O X A E T
E R P S O G P Q V G J M X U C N P I
S V G H D I V F I A W N L N T L P O
S U S R N N C E N T M M I D O P E N
C E N O U R N E G N Z C J P M Z W W
```

143   *Answers on page 189.*

Mark 16:15-18

And he said unto them, "Go ye into all the world, and preach the gospel to every creature.

"He that believeth and is baptized shall be saved; but he that believeth not shall be damned. And these signs shall follow them that believe; In my name shall they cast out devils; they shall speak with new tongues; They shall take up serpents; and if they drink any deadly thing, it shall not hurt them; they shall lay hands on the sick, and they shall recover."

BAPTIZED	NAME
BELIEVERS	PREACH
CREATURE	RESURRECTION
DAMNED	SAVED
DEADLY	SERPENTS
DEVILS	SICK
DRINK	SIGNS
FOLLOW	SPEAK
GOSPEL	TONGUES
HURT	WORLD

```
H U W V C V N P Q S H V K I I T
C D L R O W W H X K V N V G T R
P E G Z G U G C F X I B F A F U
P R J S I C K A E R F M I W B H
Z U M S G D V E D S E U G N O T
G T R E S U R R E C T I O N P T
O A W Q B D Q P S C D E Q K M M
S E C X E F N E V T C E Q N G S
P R N V L W O L M P N D A D A E
E C I K I F Z S B A E E E D G W
L L C A E M Q T P Z N P R L R
S K A E V J X J I V M S C R W Y
Y P S P E C D T A A M O A E E M
G Z N S R A P G D Z A H M V C S
Q O K V S A S F O L L O W H E F
T W O H B U G E S N G I S T B D
```

Answers on page 189.

Matthew 6:1-2

"Take heed that ye do not your alms before men, to be seen of them: otherwise ye have no reward of your Father which is in heaven. Therefore when thou doest thine alms, do no sound a trumpet before thee, as the hypocrites do in the temples and in the streets, that they may have glory of men. Verily I say unto you, They have their reward."

ALMS	PRAYERS
AUTHENTICITY	QUIET
BIBLE	REWARD
FATHER	SEEN
GLORY	SERMON
HEAVEN	SOUND
HEED	STREETS
HYPOCRITES	TEACHINGS
JESUS	TEMPLES
LORD	TESTAMENT
MEN	TRUMPET
OTHERWISE	VERILY
PERSONAL	VIRTUE

```
S D N U O S T E E R T S J S J F
F I A H T N V L L N P T E M G H
J J E U O S B I S O E W S A S J
E E T M T I X P R M R L U L G K
D S R R B H O K P T G D S M N Z
O E I E C P E L U H U E C S I B
S Y T W G L E N E V A E H O H G
S K N A R S V R T Z Y J W C C P
B N E R E E V C S I V U Z E A R
S E M D H I H Y P O C R I T E S
R M A N T F R T W C N I A A T V
E E T V A Z Y Z O N I A T W C E
Y C S K F G L R S E K C L Y T R
A Q E U H S I L O E D M X S T I
R B T E P M U R T L E D N Y R L
P T E I U Q E Z X J G N Q S H Y
```

Answers on page 189.

Luke 6:38

"GIVE, and it shall be GIVEN unto YOU; good MEASURE, PRESSED down, and SHAKEN together, and RUNNING OVER, shall men give INTO your bosom. For with the SAME measure that ye METE withal it SHALL be measured to you AGAIN."

```
B F Y G N E K A H S I J N R
P V Z X J E G C D R W T E T
F B A T Z Y K U V I Y V L O
Y E G L P B L J H E O A U Y
G I V E N J I R M G G L F M
U U O Y E Q F A N A S A A H
O M C Q E N S I I E H A D P
E E M L M R N N J T A D B J
D V V S Q N U A G E L E J E
J B I I U D Q S Z M L S I I
P Y W R G L O I A A Z S T M
U G K W S T H D N E F E F F
T Q M H D W A S L T M R O L
U C Z Y W P J Y K A O P A B
```

Answers on page 190.

Matthew 11:28-30

"Come unto me, all ye that labor and are heavy laden, and I will give you rest. Take my yoke upon you, and learn of me; for I am meek and lowly in heart: and ye shall find rest unto your souls. For my yoke is easy, and my burden is light."

BURDEN	LABOR
CHALLENGE	LADEN
COME	LEARN
DISCIPLES	LIGHT
EASY	LOWLY
FIND	MATTHEW
GIVE	MEEK
HEALING	PRAYER
HEALTH	REST
HEART	SOULS
HEAVY	TAKE
HELP	TEACHINGS
JESUS	YOKE

```
Y P T Y Z E O V P G K M F I N D
R U R F D S L U O S B P L E H H
E N T A R K K C Q I B U R D E N
N O S M Y S A C O R N B R W U B
R M E S M E E E H E L O R W A M
A B R G H R R L D A B S L L A S
E M C N E C I A P A L E Y T V H
L L W I A O L P L I T L T W H M
Y L V H L M H S H T C H E V L E
I O X C T E B X X T E S G N Q E
J W K A H X N D A W Q Y I I G K
S L D E W I M K T T Q V V D L E
G Y L T L N E G R Y L E Y A N P
R G N I L A E H A J E S U S E B
E V I G O X C W E S A D Q W Z H
T I G E F I A J H E U J D Z G D
```

Answers on page 190.

Mark 10:14-16

"Suffer the little children to come unto me, and forbid them not: for of such is the kingdom of God. Verily I say unto you, Whosoever shall not receive the kingdom of God as a little child, he shall not enter therein." And he took them up in his arms, put is hands upon them, and blessed them.

ARMS	HOLDING
BLESSING	JESUS
CHILDREN	KINGDOM
CHRIST	LITTLE
ENTER	LOVE
FORBID	OPENNESS
GOD	RECEIVE
GOSPELS	REQUEST
HEALING	SALVATION
HEART	SUFFER
HEAVEN	THEREIN
HELP	WELCOMING

```
U G S A W A H G K P T S I R H C
I D L U G A V S S E N N E P O E
A R P R W T C S L E P S O G Y O
N E L T T I L D C G H N D O G W
E L J E S U S G G R K E N X Z L
S P H O L D I N G W F R E C L Z
I A M C J B I Q T E D D V E O U
R D L P N S I H O L I L A P V H
B E P V S Y E L H C B I E C E T
R A F E A R K E G O R H H A E M
K E L F E T A J G M O C R V S O
E B Q I U L I E F I F T I M K D
N E N U I S P O N N B E R M D G
T K K N E S C L N G C A H K G N
E I G R B S D V E E V S I P U I
R O L T G Y T B R H H T I V G K
```

Answers on page 190.

Matthew 5:1-5

And seeing the multitudes, he went up into a mountain: and when he was set, his disciples came unto him

And he opened his mouth, and taught them, saying, "Blessed are the poor in spirit: for theirs is the kingdom of heaven. Blessed are they that mourn: for they shall be comforted. Blessed are the meek: for they shall inherit the earth."

BEATITUDES	MOUNTAIN
BLESSED	MOURN
COMFORTED	MOUTH
DECAPOLIS	MULTITUDES
DISCIPLES	OPENED
EARTH	PEOPLE
GALILEE	POOR
HEAVEN	SEEING
INHERIT	SPIRIT
JERUSALEM	TAUGHT
JORDAN	THEIRS
JUDAEA	WENT
KINGDOM	WORD
MEEK	

```
I  Z  U  H  P  Q  A  N  E  V  A  E  H  S  P  J
K  I  N  G  D  O  M  E  A  R  T  H  S  E  V  B
Q  O  S  I  L  O  P  A  C  E  D  F  E  D  C  V
Y  J  E  R  U  S  A  L  E  M  M  N  E  U  Z  M
U  O  J  D  R  O  W  L  P  D  A  H  I  T  B  O
W  W  U  R  L  Z  I  C  I  D  M  X  N  I  O  U
Q  E  D  B  K  L  H  S  R  S  O  E  G  T  K  R
T  D  A  M  A  P  C  O  E  C  U  L  T  L  V  N
H  R  E  G  E  I  J  D  A  S  N  P  I  U  J  U
G  O  A  T  P  E  U  Y  P  T  T  O  R  M  U  S
U  J  P  L  R  T  K  I  T  N  A  E  E  H  P  R
A  P  E  E  I  O  R  S  D  E  I  P  H  C  O  I
T  S  Z  T  N  I  F  W  I  W  N  S  N  X  O  E
L  M  A  G  T  E  R  M  T  W  V  R  I  I  R  H
Z  E  D  V  X  R  D  M  O  U  T  H  O  Y  N  T
B  S  D  E  S  S  E  L  B  C  Y  J  L  D  R  E
```

Answers on page 190.

Matthew 5:6-8

"Blessed are they which do hunger and thirst after righteousness: for they shall be filled. Blessed are the merciful: for they shall obtain mercy. Blessed are the pure in heart: for they shall see God."

BEATITUDES	PEOPLE
BLESSED	PURE
DISCIPLES	REWARD
FILLED	RIGHTEOUSNESS
GOD	SEE
HEART	STRUGGLE
HEAVEN	SUFFER
HUNGER	TEACHING
JESUS	THEY
LOVE	THIRST
MERCIFUL	VIRTUE
MERCY	WORD
OBTAIN	WORSHIP

F P S P J Z Z G N D N H C C I X
P P I H S R O W S W R I Q D V L
T N E V A E H D N H L A A C S G
L R P D S F N R R U Y Y W T U J
O D A U I R F Z F O X B G E B D
V O T E R S E I D I W L N Y R O
E G H M H E C E W E S E I W D O
K H I V Y R L I L S U S H Y I Q
R F R L E L T G P T F S C C Z V
I F S M I E G H R L F E A R Y H
W H T F S U U I N Q E D E E I P
Y E H T R N V N L Q R S T M H P
N Q W T G B E A T I T U D E S S
F L S E P E O P L E W L W T E X
W L R P W J E S U S J S V E J B
S S E N S U O E T H G I R M C Z

Answers on page 191.

Matthew 5:9-10

"Blessed are the peacemakers: for they shall be called the children of God. Blessed are they which are persecuted for righteousness' sake: for theirs is the kingdom of heaven."

BEATITUDES

BIBLE

BLESSED

CALLED

CHILDREN

CHRIST

DEATH

GOD

HEAVEN

HELP

JESUS

KINGDOM

LIFE

LOVE

MATTHEW

MOUNTAIN

PEACEMAKERS

PEOPLE

PERSECUTED

PRAYER

PREACH

RIGHTEOUSNESS

SAKE

TEACHINGS

TESTAMENT

WORD

WORSHIP

```
I D Q M G Z H O M O U N T A I N
R E Y A R P T T E S T A M E N T
Y T C V W B A N D J B K A D O T
M U Z S O O E D E S S E L B V S
J C C E R F D E G P N C A V G R
E E H D S S J F E I A P R N I E
S S R U H A L I F L W D I Q G K
U R I T I K B L L M P H E L P A
S E S I P E M E O H C O T E Q M
Q P T T V X D D E A S X E W D E
O C G A C A G A E L P E U P R C
A R V E P N V T D E T J L W O A
C G T B I E P R E A C H E B W E
D H N K N C H I L D R E N V I P
L O Q W E H T T A M X N R Q O B
R I G H T E O U S N E S S M G L
```

Answers on page 191.

Matthew 5:11-12

"Blessed are ye, when men shall revile you, and persecute you, and shall say all manner of evil against you falsely, for my sake.

"Rejoice, and be exceeding glad: for great is your reward in heaven: for so persecuted they the prophets were before you."

BEATITUDES	JESUS
BEFORE	LIFE
BLESSED	LOVE
CHRIST	MANNER
DEATH	MEN
EVIL	PERSECUTE
EXCEEDING	PROPHETS
FALSELY	REJOICE
GLAD	REVILE
GREAT	REWARD
HEAVEN	SACRIFICE
HOLY	SAKE

```
R E W A R D D Z Y N Y T X P Y U
X J P D H G O R S R X G S R L X
I W Z Y Z C I E F I L H E O E K
J E L E R O F E B I D H D P S N
Z O E C I O J E R N C R U H L T
H H S A C R I F I C E V T E A S
M A N N E R U V V V R Q I T F I
Y E N S W T Y B I C I M T S W R
U B T B T L O L S D E K A S E H
J V O U E O E U Y S E T E P M C
L C F Z C V S A E A H S B C E L
I G N I D E E C X E E E S N N I
D T R X J D S R J K A D I E L V
H G L A D H W R Z W V X Z Q L E
M A D E A T H U E Q E Y P G D B
G I V F T A E R G P N A K C R Y
```

Answers on page 191.

John 16:32-33

"Behold, the hour cometh, yea, is now come, that ye shall be scattered, every man to his own, and shall leave me alone: and yet I am not alone, because the Father is with me.

"These things I have spoken unto you, that in me ye might have peace. In the world ye shall have tribulation: but be of good cheer; I have overcome the world."

ALONE	MIRACLE
APOSTLES	OVERCOME
BEHOLD	PEACE
BELIEVING	REMEMBER
BREAD	RESURRECTION
CHEER	SCATTERED
COMETH	SPOKEN
CRUCIFIXION	TEACHINGS
EASTER	TIME
FATHER	TRIBULATION
GOOD	TWELVE
HEAVEN	WINE
HOUR	WORLD
LEAVE	

```
O L K G N I V E I L E B E O D T
N V E U N O P O E I J N S F R W
L F E A W O R L D E I G A E I E
E A J R V F C M N W N T S R G L
L M G I C E X O A I H U E O O V
C X T C Q O L G H E R T S C O E
A A R F R A M C R R S E R R D D
R P I G S U A E E A L K E J C E
I E B Q L E C C E T U G M H R R
M A U H T U T I S U P I E Y R E
V C L W T I N O F B Y A M H E T
G E A H O E P E R I V P B E E T
E R T N O A M E K E X Q E M H A
R O I Q N U A O N O X I R I C C
F I O P N D R G C C P M O T Y S
F M N D L O H E B N F S Z N A Q
```

Answers on page 191.

Matthew 12:25-28

"Every kingdom divided against itself is brought to desolation; and every city or house divided against itself shall not stand: and if Satan cast out Satan, he is divided against himself; how shall then his kingdom stand? And if I by Beelzebub cast out devils, by whom do your children cast them out? Therefore they shall be your judges.

"But if I cast out devils by the Spirit of God, then the kingdom of God is come unto you."

BEELZEBUB	DOUBTERS	KINGDOM
BLASPHEME	EXORCISE	MATTHEW
BROUGHT	HEALING	MIRACLE
CAST	HIMSELF	OUT
CHILDREN	HOLY	PHARISEES
CITY	HOUSE	SALVATION
DESOLATION	ITSELF	SATAN
DEVILS	JESUS	SPIRIT OF GOD
DIVIDED	JUDGES	

```
J V E V I N L S A L V A T I O N
S P I R I T O F G O D W B H N B
L I C S E E S I R A H P F E R A
E S L I V E D E T K O B R O U S
M X D E C A S T L A Z D U X Z A
D Q O R D B U X W F L G H P H T
O H I R B U S K J I H O S U X A
U E D I C U D V H T C D S B A N
B A Z A I I B C D I V I D E D H
T L P E E H S E F J R W Q S D Y
E I V H O L Y E Z Y K T U S H T
R N E M E H P S A L B S E E O I
S G D M I R A C L E E A C G U C
F L E S M I H U D J O E W D S Z
K I N G D O M Y D E U U B U E A
U W E H T T A M F M T B U J C S
```

Answers on page 192.

Luke 9:48

And **SAID** unto them, "**WHOSOEVER** shall **RECEIVE** this **CHILD** in my **NAME** receiveth me: and whosoever **SHALL** receive me **RECEIVETH** him that **SENT** me: for he that is **LEAST** among you all, the **SAME** shall be **GREAT**."

```
H Q B R V K S V K T T O I S
J U A R N A M E N N Z X R A
H C J W H O S O E V E R E M
Y O T C Y L E G Y S I R C E
V P O A L L A H S F I N E U
J P O C E R Z G P Q R M I Q
K B H P H R D F V E Q M V E
V I F J T I G C C U V F E O
U O N N P Y L E W E R R L U
M O G S Y B I D M J T Z D N
V V E W I V Z A G S W I E V
V N P Z E P A V A T A P H M
T W X T Q W B E P S H S U C
R C H Q A Z L Z F P W L G W
```

167   *Answers on page 192.*

Matthew 5:38-42

"Ye have heard that it hath been said, An eye for an eye, and a tooth for a tooth:

"But I say unto you, That ye resist not evil: but whosoever shall smite thee on thy right cheek, turn to him the other also. And if any man will sue thee at the law, and take away thy coat, let him have thy cloak also. And whosoever shall compel thee to go a mile, go with him twain. Give to him that asketh thee, and from him that would borrow of thee turn not thou away."

ASKETH	GENEROSITY	SERMON
AWAY	GIVE	SMITE
BORROW	HEARD	SUE
CHEEK	JESUS	TEACHINGS
CLOAK	LAW	TOOTH
COAT	MILE	TWAIN
COMPEL	OTHER	VIRTUE
EVIL	RESIST	WHOSOEVER
EYE	RIGHT	

```
M A W A Y W P N N R E H T O S Z
I V J T G O W Z R F U E C U X Y
L V A S L Y X O N I A M S H K Y
E O X T E Q T M V C G E S E E V
C L P S A R L I H O J H W A E O
I Z S I J Y M I S G M U T R H G
P X M S F G N O J O E F T D C J
F J I E L G X V N U R O B P N L
F W T R S Z A I S W O E U I E J
V A E I Q Q H R I T O E N P D Y
S L A T A U L T H O B R M E S G
A S K E T H I U U L V O R F G D
G P Q N P B V E Q E C Q E O J M
V O F S O A E M M E V I G Y B A
C I U N I A W T C L O A K Q E G
J I R E V E O S O H W N B I A O
```

Answers on page 192.

John 10:1-3

"Verily, verily, I say unto you, He that entereth not by the door into the sheepfold, but climbeth up some other way, the same is a thief and a robber.

"But he that entereth in by the door is the shepherd of the sheep. To him the porter openeth; and the sheep hear his voice: and he calleth his own sheep by name, and leadeth them out."

CALLETH	PASTURE
CLIMBETH	PORTER
DOOR	PROTECTOR
ENTERETH	RECOGNIZE
FAMILIAR	ROBBER
FLOCK	SHEEP
FOLLOWING	SHEEPFOLD
HEAR	SHEPHERD
KNOWN	SNEAKING
LEADETH	STRANGER
MEANS	THIEF
NAME	VERILY
OPENETH	VOICE

```
P R O T E C T O R P N A M E L P
F G U I Q Y H F E R U T S A P O
F X D C O T K E O E V G G F E R
L L K X E O H J H L R B L Z B T
O Y G L J S S R T M L O P P A E
C I L D R E H P E H S O B P J R
K A F E I H T A B G S A W B V B
C D H W T B N R M B N T A I E V
H L N T X S A X I R Y A E U N R
T O W A E E V E L Z R V R E Q G
E F O V H D K N C O H O O T L J
N P N S N E A K I N G K O I S S
E E K H T E R E T N E Y V D C G
P E C L V E R I L Y X Q Z I M E
O H W M U W F A M I L I A R V J
N S S Y E Z I N G O C E R P J B
```

Answers on page 192.

ANSWERS

The Lord's Prayer (page 4)

```
T H E R E F O R E S U D A E L
D A I L Y B R E A D U V Z U V
W E F O R G I V E Q E S K S
R E A H W Q F Q C W N X V T W
E T K I N G D O M O V Q B I U
H E Z F T E T T I G E O N G
T U K F R O D T X L D C L A V
A O X M C O A E O A Q L B M K
F N E M A T K A O H I J R E W
R E W O P T C R Y W A A E Q Y
U O I M K S T T Y R A F T E R
O C E O X M H Z W O Y H R S
A T H I N E T R E V I L E D B
S R O T B E D N M W H O G I Z
F O R G I V E H R H E A V E N
```

The Sermon on the Mount (page 8)

```
L I G H T O F T H E W O R L D U S
F G L P O O R I N S P I R I T D O
H T R A E E H T T I R E H N I E F
T T Y L L I H A N O Y T I C E U B
S V S A L T O F T H E E A R T H L
R T A V S B P J G E R E W A R D E
I F U L F I L L T H E L A W Y N S
H E A V E N P E A C E M A K E R S
T Z C O M F O R T E C I O J E R E
U W K I N G D O M M A D G U O G D
Q B E A T I T U D E S E W A R Z K
H X L A K M Q T Q E E L C H A N V
B U L M X L M X C K T Z I I A C O
F I N C H I L D R E N O F G O D T
B R I G H T E O U S N E S S R G H
N B C X E P E R S E C U T E D S D
D S C P U R E I N H E A R T Q U I
```

Parables and Stories (page 6)

```
A M T A P R O D I G A L S O N S W
J R V S G C S B P S N E T W I E S
S T N E L A T R E A S U R E S R P
D L C X C E L B A R A P W X V V A Y
N B T B L E L E R A B Y E V A T O
P M W H H C L Y P L D F I N O C
V E V C G Z A N O C Q O D E J T C
A H V Y O S R S F C D S I I G S C F
E S L U O G V M G J H T N E O V N
H B O C D N E D R K C S G Y O T X
F Z E Z G I H E E S I H B A D A K
O L Q K R H T E A K M E A U S C Z
M D J L O C V S T R Z E N A A L S
O R R Z U A I D P R B P Q F M A B
D V D P N E N R R B V U K A M P D
G G R P D T E A I F D O E H R P D
N Y C F I T Y T C O M X T Y I Y L
I O J R X T A S E P M H M L T S W
K K Z A W R R U S O W E R P A K U
T V D R U G D M X F I L A G N Y R
```

The Sower (page 10)

```
E F E D S G I B W C R L N
N X O K N A K S I X F I O
S O C E U Q C V O R D O S
G O F H S D E C M W D S S
R A P A R A B L E F E S E
W K R R C P T S P O R L
P A O V X M D H S C T X W
T T E E M B E O A R B I E
N A E Z S D S G R G O G E
A R N T D E P N E P B R D
L T S U S E J S C A R U S
P U E W Z D L E A R N O W
R O O T S S C F Z W O R G
```

172

ANSWERS

Matthew 3:13-15 (page 12)

```
W H T C G N I S S E L B A U M I
U Y F T K H O N E Y R V N U D J
U B E C O M E T H E W V I E L L
F S S F B B I V P X Y Y Z K O D
S S E N S U O E T H G I R A C E
E J Q O R P N J T G T J H F U R
E S O F D T R I O P K E O N S E
L H N R A Y R O A H E S L R T F
I Z G N D I L B P R N U Y E S F
L V C Y P A C O I H E S G F H U
A E S S O R N F H M E U H F F S
G J E R U S A L E M J T O U C R
C V Z T T Q H E V O D G S S N E
F O R B A D N E V A E H T P T T
X A M Q V H T E M O C P K F E A
B R I V E R C A E A E A D U J W
```

Matthew 4:18-20 (page 16)

```
B G A G Q S A B L E A D E R C G
R S E C I Q P O A F S N H O J A
O C E M A P E P R C M I V Y Y L
T S O A A L O J W W E R D N A I
H N U T Y S L L D L C V L X W L
E H E S T U F E P L T I C W T E
R R E L E I P F D H A E G V H E
C T E A S J Z T Q C H B N H G K
N S S H V B R E T H R E N N I X
E T E I N E S Y Y U R N I N A C
M R P S R E N V J L C T G W R S
S H U L M H D R E C S D O O T A
U G J A G I C K H A O R M R S V
R K J W U G A D C M N S C D T I
K J M O S M F O L L O W U Y D O
W G N I H C A E T P R E A C H R
```

Mark 1:14-15 (page 14)

```
T O X D F K E P T Z N S J I T N
M O F M N A Z A R E T H U E H E
A Y O E V F I S I E B C A S B S
Z Y L T U D T T E T A C S N E M
Z I L E A E V Y H L H C F T D J
N V O S N L K R L I P T H N A M
U J W T O L R E N E N I A I W G
K O N A S I A G Y E H C B N R
B U T M I F M O P G T L E S S G
E R P E R L O E G A O A I M I Z
L N S N P U R J D Q W S U L I D
I E K T V F S E L T S O P A A T
E Y W I L D E R N E S S K E U G
V W U M S I T P A B Q B I B L E
E G N H O J Y T I R I P S X Q J
C B S K I N G D O M C K T O E H
```

Luke 5:22-24 (page 18)

```
N P S J G D M A P P F I T K
P U E S I R W J W O C V N Y
M E A R T H P Q S W S Q K D
W R D X Q L G M N E I G J R
I P C E A V F L U R C P S K
L F G P V X S V E Z K O W E
A Z Z I K I Y T B J N H E A
F O R G I V E N R O O Y S S
W X T S S R Z C F A K X U I
Z H J R U P E M R R E M O E
L E L P S U A A A E S H H R
E S I R A N C F S M P I J C
G N I R E W S N A O D Z N W
J I C O U C H Z K Y N F K S
```

ANSWERS

Matthew 6:19-21 (page 20)

```
J M B T R O F F E T L B K L L H
H E D F G D E Q C P G A L H A G
P E S Z D E U P R U E U T Z E L
T U A U U C T W O R S H I P T X
K E G R S O R P B R T C S I S C
L X A T T R I N P O Q E M M H R
U N R C A A V W M C R I W T E W
W U E O H T U T S U R A L P V O
X C W T G I P X S T L A U G O B
J V A J O O N A N E E S D E L I
L Z R N D N E G H W V K A A F A
Z T D C P R N P S E D E R R C E
Q K M M T W O R T H A R I T V Y
P Y O U R S E L V E S V C H A A
D M W S E R M O N F E S E L T W
R B B O B V E M Q E S R P N M R
```

Matthew 4:2-4 (page 24)

```
Q D Y G J E K T E S T Q T M U P
K E H D H A I C N E T T I R W S
T V U M T C N W N L W W W T Y F
B I N T G E H S R I I D R A A Y
T L G E N C T M W L G I D S S E
I H E M E U T V D E A H T I N P
R T R P R A R E H L R E T O R T
I U E T T A R D E V D E L S L F
P O D E S N O F E K N A D X C N
S M G R E G P R O C E E D E T H
M I P S F B X U D R O W H H S F
X T S O U C O M M A N D W E O F
M Y N U V T M U L W O O N R M W
U O O V S R T D U M Y O T A X Z
S U O H D E S E R T T Y N Q Q M
A G B R T Z J D K S A D A E R B
```

Mark 12:29-31 (page 22)

```
D T S E C O N D G B Q H S T M U
G H Z L C R A O C S T T E O Q L
P Y V U D H O W C S R A D A O U
N S W R A D B R R E C G C R R S
E E R N N C I I N H N O D N O T
V L R E F B F G I I M T I O R A
A F S D E F T N K M V E C S Z T
E S J L E H G E A D R S O S O G
H Q C O M M U N I T Y T M E T R
L V T G S W D L S V I A P L E R
M A L E J M U F A S I M L S O A
X I S Y E O F D R Y G E E I V T
Q O N N S F I A A B H N T N E E
M J T D J J E E I E C T E A T S
A S Q O Z L P W Y T Z U L I N T
R O B H G I E N N L H S Y T T H
```

Prodigal Son (page 26)

```
U F F Y L C B E L B A R A P
O A A N G E R M T X P W H I
Y T S R D L O O S Z S A Z A
C H K U M E T C O P I S G O
W E S T M B H L L N N T D L
O R Q E F R E E U B F E H D
P W O R V A R W S E W D O E
R D Z S Y T P V L P S P M R
O S S E N E V I G R O F E H
D F K C J Y K R O W S N O S
I J O Y Z O L C L Y E N O M
G R A C E K B B D M O V E D
A R E G N U O Y P A R T Y R
L L S G I P S E R V A N T S
```

ANSWERS

John 4:13-14 (page 28)

```
P I W S Y T Y G N I S S E L B S
G J V G P F D R W A T E R G C B
N E B T I R O P R A Y E R V N A
I S H I N F I G E D F L C A H P
V U T R Q Q T N L V U F T O J T
I S E I R A D O G Y E I L L Y I
L N K P W Y V I M I R Y A F Q S
R U N S S I H H L A N N P O D M
E L I T N O O E M Q R G T L W Y
V U R G S L B A H E S H A L F Y
E O D K I E S P T X I Z L O A V
N S K N P D T E R R L M V W I Q
C B E V E R L A S T I N G I T L
V S W E L L R T E C J G V N H H
S M I R A C L E F R C S H G E J
S Z W N I A G A K J G U B Y Q U
```

Luke 10:41-42 (page 32)

```
B T E C C R F Q N N Q H Z I
G H X R H G E E Y I P G M G
N O B D A O K H S H D H Y T
I U Q H E A S L U F E R A C
H D T N T L U E D K G F I L
T Q D I L L B E N Y Y N A M
E M D G J P R U O C R O G I
N A I Y Z E Z U O Q Y A Q W
O R A H W G O O D R J H M Y
M T S S M M L E Y F T J G L
D H N N E E D F U L D X X O
A A Y U J N Y J W C O D S N
X W G L Q C O C H G J V E F
O H P M P U Y T Y T F M J N
```

Mark 8:20-38 (page 30)

```
S C R I B E S C S T N E M G A R F
T A D I A S H T E B A Q C T O W N
T S G N Y H O P P E M W O L L O F
H E I S A T A N Y M D F G E R Q Q
A G D R E S E L U F N I S H A N D
D N C A H V U S V N I V H S X J
U A C L W C E O O E L O H W S O
L H S H T S T N H L B A K I W O H
T C D E A I P O L T M P E T E R N
E X S I L R F R U E R K J A R C T
R E L A E P G O D C H U P N E E H
O E P B I F I E R J H U O R T H T
U F U E H T U C D P E G G F T H B
S K J Q V E H M S K W O R L D D A
E A O S W A H B A I V D K W J E P
S U N D E R S T A N D J N P T L L
P O J N F D E T C E J E R P Y L I
C A E S A R E A P H I L I P P I S
E L D E R S L E G N A Y L O H K T
G U Z S A V O U R E S T E K S A B
```

John 6:35-37 (page 34)

```
R D W H Y T H U N G E R Q A
D S X K T B C J Y Q E F I L
V L T O N A D F L E Q F D B
X G S P S I G L B X Y V O M
M E W T A T I C T V B Y W C
A P O S T W O D B H U L K H
D U B O N M K P E T I Y R I
T A K E E E F G L H O R E E
L Y E T T A E S I A S A S L
K D H R T T U S E T L M P T
X A A H B S A C V J A E O G
D R E L E O Z F E P H H E I
J R Q J A W O H T I R T W B
V L C O M E X L H O V T K K
```

ANSWERS

Matthew 5:17-18 (page 36)

```
E S G N I H C A E T B N Y J L K
K J V G E L T T I T O S E U V W
N G K S K R Y P Q M P S C C Y F
I O D B Y J R B R C U Q H O J O
H J O T S O I E S H S R G U T
T J P T P B S W R H I T I I D H
L J T H L E E D O M S B S A A G
R L E E Q J E C L E A Q T P I C
Y S I L C I S D I J T I C S P
Y L E F A T O K V J C D A G M R
S H I B L W A M E N Z B N F Z O
U T V R G U X M E C H R I S T P
V R D K E U F T E T T L T C Q H
R A Y M G V S X A N L M Y Z O E
J E F G W I S E O G T S S A P T
Y Y W J L X N E V A E H P I D S
```

John 14:5-6 (page 40)

```
V G B T S H T S N O S S E L X Y
L O F Q R K X J V L M U G O C F
Z S X A E U N O I T A V L A S E
L P Y V T O T O C B L V S R N I
T E S Y Y H U H W U W N K E E L
R L E E A M E K F L O Z F E V E
E D L I S W I R Z I E A D W A B
H O P H L A A R T U I D B T E T
T U I F I E M S A T C H G W H G
I B C A F H E O H C O O N E N D
H T S M E U B F H L L H M I B R
W I I I Q K U T Y T O E V E U O
H N D L K L M M P J M O S R T L
J G J Y U J E S U S L W W B I H
N Z A Y Z T E A C H I N G S U V
S D U S P I R I T S K R O W Y S
```

John 14:1-4 (page 38)

```
N M N U N W E L C O M E C A L P
N X E D H P G L K E F I L G R R
C C S I Q E K N A L W E N N E C
R H I D L H A O I X C I Z S H J
P G R B S B Q R G D S B U V N F
R E V I E C E R T S N R G C T D
E D I S C I P L E S R I F C G F
P P D S I A V L I E A E F W Q O
A V V N F Y B T C E A D W I N L
R T B O F T W T R S V H H E N L
E H X I Z L I E T O I E V M R O
C O K S F O E I V T U A L H U W
E U Y N N K E S H O E B Y D T I
M S T A O D L E Y H L X L B E N
O E C M L W R N R M N T Y E R G
H F A T H E R E P I X Q F G D P
```

The Incarnation of Jesus in Matthew 1 (page 42)

```
W T R P U B L I C E X A M P L E N
Y S T T H I J S J A L Z V H D L U
L O R D U G N E I O L U H T E L P
M H E C S T V T S N S L D R S E M
O G L H B H L E U S E Q I I U I N
T Y P T A Y B H A R S Q P B A N D
H L O R N W T P T J P C A H R A D
E O E H P F U F Q R G U O S E G M D
R H P E R F U F Q R G U O S E G M D
M Y S G E E I P E E L U T T I E K
A R I N O F J R R S T F G M E S L
R L H I E Q I D S P H I H A D T
B V U E R S D S W F T P O E L T N T
W I A G C I O I E V X O K S O E B
I R S H I B G A B E V T R E E W D
S P I R X E R R C W P E W N N D U
I L E W C O N C E I V E D N W S W L
D M J N O C T D I V A D F O N O S
I J K T A P P E A R E D W L J M N
```

176

ANSWERS

Mark 3:28-29 (page 44)

```
T G N I H C A E R P Q N L I L S
S T S O H G Y L O H S O P S Y U
A Z F F A I T H N S J I X O L Q
L B S B P S H T E K T T L N I I
V Z O Y L E A N U E F P L S R J
A C J N A A E T A U P M E O E T
T G O V N V S C A H W E H F V S
I L E N I O H P A N E D Y M R B
O N I G F I I R H T G E E E S P
N W R S N E I T E E U R V N I R
F O L G T S S R A T M E W X N E
F L Z G E E N S R N I I Q I N Y
G G W E Z A N I M L M C E Z E A
Z V S M L T V A E Y T A F S R R
M J E S U S E B M A C J D M S P
P W H E R E W I T H J Z K R A M
```

Matthew: 7:7-8 (page 48)

```
S K A P E S I M O R P Z A N V D
O E V G G T E D G O S N T P F H
G E D O Q N S B F I O Y L E Q D
Z S X T T O E O N T V E I Z O H
G D O G Z M R Z H S H E F L M T
N H D A B R D E X H U H N A T I
I I S E J E R D O O R S C F S A
H K S H N S R E C E I V E Q V F
C K P S X E W Y O U L L Q J H A
A P Y R L M P E B D V O A B P I
E M U L A D A O H S C R M N R S
T C A V B Y N P L T J D E W O N
G H G L I T E J L T T E C I V V
S B X J B X N R F B D A D L I K
W U A V E L P O E P Q M G D X
U J D O E I K N O C K C O R E S
```

Luke 10:2-5 (page 46)

```
L D B O N S B S K G R E A T E I
U U Y B M A P I R C S Z C Y N
C P N M C T P S B G X B L H E N
S A A J G Q T F E V K A F C T Y
F L R C E W I S N L B M V T U P
G B D R O Z Z W E O P W T H L H
N S V H Y M E F R V M I B G A C
I Q P I A R M E W S L R C A S W
H B Z R H R R U I W D O D S O S
C O E U S E V L N L Y R W R I W
A V E S S Y E E O I O W L C Z D
E X G H U G I H S L T D G N E E
R Z O R N O E M F T S I E T S N
P E V A F B H P E A C E E E R T
S V V D S R E G N A R T S S U E
P E K H G D A E R P S E U U P R
```

Mark 6:10-11 (page 50)

```
G O M O R R H A G C A J T R S W
S M P H W T E E F T O R D K H R
E E C N E H T L L A A M E O A O
L E E Q Q P W I P P B E M N R M
P C Q Z S E S O E C I H Y A I J
I N C X I T S D T H R E N M N S
C A G O E T O I N R E A O E G D
S T M N L V Y Y E I V R M L S P
I N S E D E V L M S E D I B A R
D E S U P L A C E T O P T A L E
W P T M D S H W G S S R S R V A
O E S D O G F O D R O W E E A C
S R D D G E B E U S H R T L T H
F F O E K A H S J S W Q P O I I
Y M K C O E V I E C E R G T O N
M B E L I E V E R S C N H D N G
```

ANSWERS

John 18:37 (page 52)

```
B Q F M W D L R O W S C Y E D G
T A N N R M O D G N I K T Y V N
J R R U I U V U V E T A B J N I
B U L A I L C S E N L R U A O N
Y E D O B S M N A I W D I L R O
R Y D A A B O E P H G O H A K I
S T E N S Y A S L E P T R T L T
C N N N R I U S M A E A D C L S
R A R E E I S E F R S P I S V E
U C V O T T N C A R A U S A W U
C E I N H T T E A S W E R E C Z
I O O K C T H I S R N C S E D Z
F P E S U A C O R T I I J K J A
I L H I D X V O I W Y O B O R N
E K Z Q P E C W E S X V T U Y I
D Q D E R E V I L E D H T U R T
```

Mark 10:21-23 (page 56)

```
G R I E V E D D Z J S U P D R G E F
M B S A W D T S E H C I R I I T I M
U S K N B D T S E K C A L V E U H Y
M E E K O C F N P P C B I R A K F H
K I T R J I S E L L W N U K G L K W
H E Q A J Z S N D W S Q K R B W F
N N U E N L Q S E U A J I E E E O C
X H S U Q O O N E E K N E S E H O N
G U S F P X D V R S G I G S D O Q E
S H W Y O G H T E D S N R O I L J V
Y S O I O B P N O D H O F R V D E A
H I R C R E M M C Z G A P C K I Q E
J F T D I S C I P L E S R K V N J D
V L H H B W G G V K J L R D R G B C
O E Y J D N K O O L B J T G L R V A
M S K O D A J U D C H C U F D Y P Z
R X Y T I S O R E N E G B H R D I V
F O L L O W D N U O R F I F D S C U
```

Jesus Turns Water to Wine in John 2 (page 54)

```
M I R A C L E S H I S G L O R Y G
S I X W A T E R P O T S P F X T S
M O T H E R O F J E S U S E R N Y
W X W L Y Y R I A I W E T I I L A
E M A N I F E S T E D G Z K N E D
Q C O N T A I N I N G A R B A R E
E V E R Y M A N D T H I R D D A Y
B E G I N N I N G W F R U O A R Y
B E A R P B R I D E G R O O M O I
N S E R V A N T S L R A H C A N A
G N I Y F I R U P Q E M E T F R T
A W E L L D R U N K T R N G I E S A
L D I S C I P L E S A H I C L V G E
I H P Z T H R E E C W L M W L O G F
L D T B T O T H E B R I M I E G F
E D I W M D N C A L L E D N D A W
E X A U O F N E U B E L I E V E D
```

Matthew 5:13 (page 58)

```
V Z P C T F R D X P B J H X W B
I I M P C H M J M E N U M N C X
M J Y J F S E L E A R N I N G M
O R O V A S B N D B A D O O G H
U I M L D H M T C P T X C N E K
N H T E L S S N O E G O O N H M
T Q S U T A E S E N T O T P F
A V G F C A T L I D H O I F Q B
I E N V Q L P S P I D W R V S R
N F I R E G S H N I E O Q T S E
U A H S O E S G O R C G R U H D
E P C D L E N I E R S S T N N
A B A B B S B H W Q E E I K I U
R Y E Z F W W I I C J O B D L U
T X T S R E W O L L O F Q V U B
H W E H T T A M P E O P L E O T
```

ANSWERS

Luke 5:34-35 (page 60)

```
K F R O M A Y J E J I B E B
M E H T C K W R J F N R O Z
D E E N F L B E I A A Y M C
O U H C L F S B U S R J M H
P D T A N B C M T T V O C I
P A H I U S K A S A T S U L
G S Q D A Z X H R B K E X D
G X Y I A R P C E S M E J R
P H D Y P Y S E K T H S N E
A Y I J Y M S D A E P W T N
M Z V E V O M I M B M E U I
M C L M R G K R U Q I O E J
A J J V K S S B K V S N C B
B R I D E G R O O M V M W C
```

Mark 9:38-40 (page 64)

```
L T U M L I G H T L Y E Y O Z F
U U D B D R E T S A M F A X R T
Y D E E N Z P X H Y S L I V E D
F B J O H N C A S T I N G P C P
O L E S S O N K N O W L E D G E
R T N N O I T S E U Q E Q W B P
B F D K Y T I R O H T U A I Y A
I S K F Y S N F H G H J Y T L H
D P U L O W S W E S O M Q H I E
D R N T I L N E U L S S L U Z L
E J I A S V L A N I C E P S X P
N S N G M N E O C I A A U E K I
T R U T H E I R W D L S R H L N
D T A D C T O A E E E O Y I X G
B C I M Y X X R G J T D H L M P
L K C L E M E E G A A H I C B I
```

Matthew 7:13-14 (page 62)

```
Y B Z I G R T M W I L S B C G I
I B U I R S T R U G G L E E K L
S G N I H C A E T T K B P T B N
E M B N F D Y H T I A R T S O D
Y S B E A I R R F E R K W I K E
C N B U E R S E D I F A T C B Z
C H A S G A R I T O N C P D Q Z
E T H M N I W O L N U D A D I D
T E E J E I T L W R E O E J G G
A D A X L V O H T E R S U S E J
G A V C L W L S E B U E F I L V
T E E N A F E W T R O T X S R U
S L N W H D V X R V E K R E K T
U E X M C R E W A R D A A I W M
R A O N D A F A I T H S T D V J
T G C I X S H A U J Y V P B O V
```

Matthew 5:21-22 (page 66)

```
F R O E A S F D V K F Y F S F G
A N G R Y Z E I A K C S F E J M
R G H G Z T O L G N U Y O R U I
Z M F O X U E L P H G V O M D E
F I R E P A P A D I T E L O G S
G L L E H E Y A C L C F R N E U
G C O U N C I L A H D S R O M A
P U N I S H M E N T I E I J E C
N I A T N U O M B G V N J D N O
K J B Y B I A J B E S S G B T I
C E H P V L Y M O V S F R S O K
W S M B N P H S Z E D O J D G B
X U P I E O B M R T L R F R G
R S V A R H D I A H Y E L A L O
N F C E W C T E E B G F C I U D
U E J E T K H R M Q K A A P K C
```

ANSWERS

Luke 12:22-24 (page 68)

```
E V G N I H T O L C J U L K X X K
V S S E T Z V I F R U S K S H H
B X U O A Q G P M E A N I W O M
Q A T O W Y N E Z V E I M M R N
T T R Y H U V L Z R G D M K U L
T H E N L E I L E Y N P E E H F
S E H A T F R T J L I S Y T N I
T R T Y E H T O C O L K G D H T
Z E I N H E G O T W A M Y U O O
L F E G B H N U O S E S Q R W B
E O N L V S Z F O L H D M E E O
A R G N I P L E H H L R Z A A A
T E E D M E A T N W T I A P R D
I T E C W T R U S T C B X H B S
N R V X Q P D I S C I P L E S Y
G K K W N S Z S N E V A R G X S
```

Matthew 7:1-4 (page 72)

```
S B I Z E Z U Y W Y S Z N S P F
J R E D T T M A L M L R W T E T
E G F Q I C H E O E E R O M S E
K M H S R G A T A H T J A E K M
I Z J J C Z E S T S T E R E E E
N Q E S O O B O T N U E M E L A
D D V G P M R T S N D R Y F A C
N N O W Y B W E S I C E E B Q K
E D R P H E R M S E B N Y M W Q
S K P B Q M O N Z C D A O A J L
S S M S O N O I T C A L V E U R
D G I N Q C U V S P D G O B D K
R T N E M E G D U J H X N H G Z
Q B T O T E A C H I N G S T E Y
X P Q P U L L W S J E S U S L B
A D P L E H I U E E X Z S G E M
```

Mark 3:32-35 (page 70)

```
H L M U L T I T U D E F F J T D
H E T E A C H I N G E Y S N I W
G P R E H T O R B I D U E S J H
F S C F A I T H L S R M C W C O
I O M A N S W E R R A I N I A S
X G N S O U B O O T P M E L R O
Z A B X J K N U S L M S R L Q E
F P H E Y S N E E L A A H O R V
U O G X H D T S V O R A T F E E
K S L L O O K E D A K O E G H R
P T R L U J L R P L E M R O T F
S L Q D O B Y D U R I H B D O A
V E L O U W N W Q X A S M K M M
F S Z S U S E J S E C Y E Y A I
V I R T U E T R L K Q E E T R L
R E T S I S T K S N S Z F R F Y
```

John 8:12-14 (page 74)

```
X O J E S M E P Q I J Q K S N S
B N G D E E S E E S I R A H P J
W S N W L K L E M R E C O R D I
H S I D B R A P V S Z Y N Y D Q
I L T K T I O P I V O O E B A T
T T B D W Z Q W S C I U L G R F
H J U D G E M E N T S E L K K O
E P O G V L S U S T S I N T N L
R Y D L N D U E Y S H O D S E L
V I R I T I U F E W W G U M S O
V W E W S Q N D H L H W I U S W
R A W I E P M I E T T E S L J E
C L S N R D S D H R I E N J S T
P K N G A I G D U S J A V C R H
N Q A Y E E P T W C I X F J E G
M I X O B M H V G N I L E E F N
```

180

ANSWERS

Mark 10:25-27 (page 76)

```
W E E A N G I M P O S S I B L E
V K R L W W G L D W X S S T I E
K B U L V L N A U M W B W B W N
I R S T K D I R G F E U A U U T
N E A H H R S A E A H A P O Y E
G I E I S O X A S D W T S D B R
D S R N C L W T L E N E I U S I
O A T G C E O D A V L O E A R P
M E L S L N L L N P A G W Q F E
H K O C I Q T E I O N T D D P J
K Z O S N H N C M I Y D I O Q E
Y M H U Y E S G P A L E W O K S
E E J M E I V E U C C E B H N U
D O V D D Y E A R I C H E S L S
N I L B G K C S E L B I S S O P
V E F E A R F U L H N X B M V L
```

John 3:16-17 (page 80)

```
I G T B X L O V E D H S I R E P
Y B D E A E F P T A N H B N Y
U L E F K G K N D P G M T B N Y
V E T I W N O S R E V E I L E B
G S F L Y I E T W H D C C V N
I S I Z Z T T C T M U N I T O O
F I L L I S H Z I E K O Y I Y M
T N E M H A G P E F N C X R Q A
D G F C E L I M E H I I K D A N
U S L A R M N D O F R I I E M
Z A P R V E T B I I P W C T X E
C V Z D E V P S C W O L H A A V
E E M N N E L U I R C G E S S P
R D Y K O Y R I L R I O T P B J
C R O S S C O D F L H E D O G C
S A L V A T I O N N R C H F H D
```

Matthew 4:16-17 (page 78)

```
A T T T H C B C T T N D N I M F
Z D A C N H D E N S H E N G B U
S V C E D E A E T R V G T A V Y
G I M W R C P E A A I J I S H J
N Y B I H G H E E T E I Q R I C
I Z F I L P G H R S H E U T B L
M J N H O A M M U A N R E P A C
O G P R T P H S A Q W O D A H S
C S P R P E G T D A R K N E S S
M F A T E O R N H Z A O A Q I R
O Y U H O A E A U P A I P G M E
D E X G P B C R Z R E B U B D G
G A L I L E E H Q A P N U V O I
N X U L E W O R D A N S I L J O
I Y H X S N A D R O J U N H O N
K J A X A S E L I T N E G J P N
```

Luke 12:32 (page 82)

```
S W F O U N D G L I V I N G T L
T A V E T X N K S Y Q Q F T H T
Z N L K M I M U M Y G P F D R B
L T S V D O R P X L R X F J I O
N I O I A V D Y L O O L W G V R
E N U M I T N G V E O V N B I T
V G T V N L I I N C A I E B N L
A P A R I F D O K I K S D D G O
E L Y T E E R N E K S U Z Z S S
H Z T R S A S R E Y A R P R P T
S L E I R P S S B H G C B Q E N
E G P R Z B E U K P T O D M E U
G I W W U M L N R O B A O L H D
D F Y Z K T B E D E B D F D S F
Q T R A E F A H G P E O P L E L
Z P L U K P G N D R E H P E H S
```

ANSWERS

Matthew 5:43-45 (page 84)

```
W F E T U C E S R E P Y Y D N H
Y U P R A Y F H Y K B P I U O T
O L S V S N E I G H B O R C O B
G Y L U H T E U T R I V N U Z C
P B S U A L J B T R C R R T M
P E S H F T B E U S I H I S S Q
J G Y E A E A L F U U I G E U B
V R F V R C T L E J C L S H J B
D O O G H M A I P S I D O E N R
K N X I M C O E P R S R D A U H
L Y N Z W O S N E S C E I R A Y
Q G R F Y I S H T C E N A D V M
S L A N R U T N W P V D S Z T E
V J I J N A S Z H E A V E N G N
H D N A F W L I V E W Y B G X E
H U H L O V E O B X V C H E S U
```

Matthew 8:23-26 (page 88)

```
Y O L F Q G U C P L E H J T D K
V D I X U O J A W O K E E U Z C
A V T A E L C A R I M M H P A T
Z A T O E C W I O Q P C B L R G
F O L L O W O Q M E D E M U D D
Q U E S P I V V S D H Y S O E Y
P F Y U E I F T E O K T R R V N
S S E S E N Z V L R F M E S K O
Z E C E L L A D Y E E T B E H Y
B A L J S S U I D V N D U V M E
E O A P A P O W L E S W K A A V
A S P M I F E A R F U L E W D I
Z M O I P C G O C L O R D N E I
P Z F R H W S I H S I R E P H N
D Y N H A S N I E V A S V Y D D
Q J W H T I A F D E F W L Y C S
```

John 6:49-51 (page 86)

```
T Q O D H L O Y X M D Z C O
V Y A H J T J Y E N N L W E
R E O K Y N E E F E E L P I
D F G C S J M M V T V W H D
E E T Y E C D A O R I M Z T
A A N N C O E P N C G Z A O
R A T P W H J D L N F P T N
P L L N J R A O S H A H J O
H X I D L R O W E T R A C
N S F V Z X A W R X H R X B
O R E C I K K B E A E T C G
F L E S H N V J A E R C N J
V S E V I L G X D X S C N Q
H W I L D E R N E S S N V V
```

Mark 9:41-42 (page 90)

```
M L U F H T I A F T S I R H C R
S E H D R I N K S N B N L Y B A
H D N E F F O P O J E O T E K R
E V V X C O C I U M S C L P W E
P F Z T R X T F A I H O R Y N W
H L O E N P V N N I N O A O O A
E S V R M E Y G L G T O T N E R
R W R E G M M D R E H S E L W D
D A D E T I R H C E L S B A H I
B E E S V E V T S L H U E V O L
R K A L N E I E I I O T V I S K
Q C M I T O I M N R N Y A M O Z
U F C H N T G L T E G U N F E N
F L O C K I I L E R S W P E V E
H A N G E D L L Q B Y S G M E C
N V E F V C U P O F W A T E R K
```

ANSWERS

John 6:26-27 (page 92)

```
P T L T L A B O R S E E K I N G
O K N A G N I T S A L R E V E V
P F G E W D K T E I F E W C L Y
Y A N M M S E N U E S I S O I P
P T I O O L D L M P T L E M V E
R H T M G U L U A N T T L O I R
O E A M R Z A I E E W S C S N I
V R E E A N Q S F G S A A E G S
I N T F R N S C C L B E R S Y H
D H A E W E N L D M U F I S D E
E W P M S J L A O E X F M V N T
K A D M F E P R E A C H I N G H
C U G F Z O J X U M V E X N L R
Y L I R E U V N Q F N U E P Y L P
D T R E S E D O B C U O S B A T
I B B A R S E O S F I S H E S I
```

John 5:24-25 (page 96)

```
D K A V O I C E W A I T I N G G
B D I B T D F O O G N I V I L X
E D T Y K D S I M H N Y V Y J E
E O C R E W W S J M G I L I L N
R G E A V U H P E N I I S B I I
W F L I E G T C I N R T A I D T
P O C S R Z N N O E I R M H R E
L N A E L H E I V M O D E E N B
A O R U A T M Q R N F A A R N W
N S I P S H E W O A V O J E O T
G D M I T R G H I E T E R R R D
E K L C I X D Q N U H H D T Q N
L N M D N Q U C P A S S E D E R
S B E Z G T J B H T E R A E H U
F B E L I E V E R S W U T A G O
C O N D E M N A T I O N H R J H
```

Matthew 4:5-7 (page 94)

```
F L E S Y H T S T E M P T L P W
P O D A S H T F X U R F O O V T
N D T X L O Q N N C H R G Y E T
P L W P N I C V J G D N J M T S
U D P E Q Y E G R A H C P O F D
P P I N N A C L E T S L O C H N
V R S F F E U I R B E F R T S A
G N O N B S R I I A D I E O N H
R S B T L B A F D Y L T M D E T
Y Y W E E L E T R O T Q P E T E
Y L G O C C B O S E W U E V T K
A N O I R G T Y S A J N V I I A
A H T H L D G I Y P C W N L R T
L Y U W R O S G O V U Q T F W Z
I N V D J O E H Y N S U S E J O
B J D O G F O N O S M A G K Y C
```

Mark 4:30-32 (page 98)

```
C F M N V O K H S F M I U E H O
N D O Q S I T G T U E V Z E T P
H W W W N D N N S E H Y C W E Z
D B O G L I R T U F W W H R T C
G R D S H S A I V E W O E G O A
S O O C I R D A B I R T R M O B
M S A W D I V H P L L E P G H E
M E D S C Y T M E E O A H B S A
T R E X T E W P H B R O N W E R
A E I E M E S S G I H D H E O T
D T F O I O S T S S B R E H B H
B A C O G P G O W O D A H S P P
S E V L R N N V D P A R A B L E
B R U E S E H C N A R B Z D E B
E G A H U V J F Z L O D G E F P
H D J H C D I S C I P L E S V H
```

183

ANSWERS

Luke 4:24-26 (page 100)

```
H P H I M Q D M Q G X Q J P
Y E L I A S N N R U E A E R
N A M O W S A R E P T A P O
A G W O P V L M O N T H S P
K T B V C Q E A R A O D Z H
A C Y L I R E V C E R D Y E
T Z O R L N N C Q I S G I T
H R J U E E T B L W O T S R
P P U V N P A F R T O D Y E
F H A T T T A R F X D V E R
H E T E H M R N S A I B A M
H Q D T I N C Y X I W Y R N
C B E N O N R S J I R Y S E
M B E X L M M G T E L S Z Q
```

John 8:28-29 (page 104)

```
S U Z F V G T H I N G S P A B J
O N Q S A L N Z I R D Q B F C T
O D U T P I O I M V E J S L D R
M E S R S E T V H U A O F E Z D
M R O E N Y A H E T G H G S Z I
W S N H O E A K F O O N F Y T S
U T O T I E G W S U I N K M H C
U O F A T Z N P L D L L F L G I
Z O M F C E E K I A V B G I U P
S D A K A L B B J E S U S F A L
W Q N Z Z E A F W D C U B T T E
V F E Z L S S E N D O O G E I S
U S I O E S A E L P P Y B D Z Z
S W V I L Z W L A V O R P P A M
G E Q Y I U P R E G D U J A S X
D I C O M M I T M E N T N B H H
```

Matthew 5:33-37 (page 102)

```
E N L I V E S F L E S Y H T B C
F Y A H D H T E M O C N S Q O A
J C L Y E G A E M G Q E E M E D
R E C I N A A C K I R Z M Y A K
A T R I G R V M O M T U J E M C
E H K U T Y N E O M N H Z C A H
W R O H S G E N N I R W L M I L
S O S A P A G K C A F O Z O T B
R N H S T L L A A S O K F I Y Q
O E H D U H T E A Y O C M R U E
F P L Q R I S I M D T P F Q E V
R W U I O O D R R R S F Y Q T P
Y I R N M B L A Z I T Z W O L H
W H A T S O E V E R O W H I T E
Y C A H F H U L M T O J G Z T T
W O R D F T A E R G L J J S P I
```

Matthew 9:2-7 (page 106)

```
Y G H E K E V I L K W J E S Y K
D W E S S L L H T R A E E H I G
B H A I B Y A H E A R T S E S R
E S L R L E U W I N X O R N U E
H I I A A S E B I R C S A A S I
O C N D S F R T S F R M E Q E S
L K G E P U O I R W F E T Y J A
D I T T H G L M N O N U Y P C E
M B J R E D O T N E L W T A N K
E B Q A M U J O H E V H A H R G
H P B P E G S E D A I I T X N P
Y O H E T T L X N C U G G I F S
P S U D H P S N I S H P E R A J
Z S L S P M I R A C L E H B O F
A D F A E R E W O P S J E P G F
O Y D B P I F G N I Y L K R A W
```

184

ANSWERS

Luke 6:43-45 (page 108)

```
X K P A R A B L E Z V X F A Y M
Q X G N I D N A T S R E D N U T
N R A F R U I T S Z C C E G O L
M X A B H D N S H E N C G H P S
B H X B B E C U O O Z J Z P S
R V Q U U N T H N R E H E S Y
A C S W D N R F G G S N A E E C
M H O N V I D R I U O K S R L D
B C I R V G E A S G E H Q U F W
L K D E R G N Q N T S E L S I H
E S X O A U S I H C K A I A S T
R H S T O L P E H S E R V E H U
T Z I W T G N T P C O T E R N O
N O X W R M C Q G A A Y S T E M
N B T L E S S O N Z R E Q Q S A
E L P O E P A H B J Q G T Q S C
```

Matthew 5:14-16 (page 112)

```
N E V A E H N N N O Z M D J K O Q
K Y G P G S O L I G H T G I U G
I G B V L H G A U S U S E J T H
I F K P O I O C I T Y H H E B C
U E E C R N O L C S T K A H B X
G V S H I E D L F E H C H R J K
F O U J F T V Q V A H A I G N U
W L O K Y G S I I I T G R D L F
O Q H B B M G E N M H H I E E Q
G J E A Q O D G L T E H E D H R
E G D E L W O N K D O L L R S Q
I E T B W E P C H K N R D F U Z
E X S O D F U G U I O A S N B A
Y E R I E Z W I B W L M C W A P
Q K H Q M Y B I P I M L X K U C
S W O H S W O R S H I P O D T G
```

John 7:37-38 (page 110)

```
F H T W V I U E S C R I P T U R E S
N E V H G K Q O A R S T T C Q E L Z
V N A R I M I M M A F K O A L A F L
H K E S V R J I L E L M R P N G B L
S A W G T V S V N H F W M R Q N Q R
T S G P Q O A T A O P E E W A I E K
X N S N R T F H R K T T F C N T J N
R L L E I O N T R T E J X V A S L I
E E P O N W P U A N I Y Y W N A S R
G V N D V E O H R B D G R M L M D
L R D W E E V L E Q E N I J D R R V
O A G B L I A I F T I R P P O E I H
R M F C P Q R Q G V S T N K S V V P
I D M Y F J Z C I R R Y Z A S E E W
F H T E V E I L E B O S V S C O R A
I J R D H E A V E N S F V B M L S A
E Q G A C O J E S U S Y L L E B E V
D C S E K Y E L C A R I M O Y J H S
```

Mark 8:34-37 (page 114)

```
T B X L J D L R O W E L O H W Z
T P O U E J P G P E O P L E G K
S S S S O R C G N F L I F E B Y
E J L S A L V A T I O N N R O D
N Q S G M P J X A P E D E N Y E
A O E E E G N A H C X E B W C L
Y H I X L Z L H A Z N E K H S L
K M Z X Y T E P X T L M S O E A
L W Y K I A S L T I N R A S L C
U U B S V F E O E C E O F O P O
T E O E A P I V P W X F T E I X
J I N S S K E C O A A G E V C B
E L F O H R E L U I D T R E S L
V E G O S E L D T R S Y L R I G
A U M R R O L H P O C L O M D K
S M N R F P M L L X J G P E C S
```

185

ANSWERS

Mark 8:38-9:1 (page 116)

```
R K T F G N I Y N E D Y V P P V
L E S Q S E D U T I T L U M A P
A M W O A P O S T L E S Q I L V
S V O O N Z S D B E L U U U S G
H E U D P O S U R S A U F S E U
A R L K G D F O O E I H F N E D
M I M P R N F M H R T N E N E J
E L F O I E I E A I E R N A I L
D Y W A R C A K A N A T T E I S
T Y M E T V S F L T C H L S R J
M G H R E H R I J U H T T U M S
D T M N N H E O D V I E L E D B
C H R I S T N R S W N M R T C A
H O L Y A N G E L S G O I S B E
B G O S P E L I E I S C W A C E
G L O R Y S R E T B U O D T K Y
```

Matthew 5:46-47 (page 120)

```
F Z G D A W P Y I B E G M V S A
S M O I S D U C M R R O P S J S
A J O S Z R S N A U U P E R N E
L E D C J N E H J N Z A L U L U
U L J I O V S H T V N E C X W T
T B E P S K U A T E E I V P O R
E I S L I A I S P O L R C O X I
N B U E J N M O P B R W S D L V
U C S S R B C E U W W E D A R X
O C Z G L H Y P C X E O W B L A
G E N E R O S I T Y G D H A K K
R K W I C B R E T H R E N G R M
B F S S Z N G Y F I H A T E E D
I T B S G N I H C A E T I I Y O
E L P O E P H S S S E R M O N M
M A G H F V L J N E N E V A E H
```

Luke 21:33 (page 118)

```
T S W S L E P S O G J E S U S U
J N K E A U E L P O E P W J S H
V K E B Q Y T E S T A M E N T E
K A C M U T F E T E R N A L L A
E W S W L T I R I P S Y L O H R
B U D I Q L F K R A M F L B T T
P D R T H T I F J B C U D E U S
A N O N Q O S F S I K X A R T K
S O W E G M L M L E C C L H S B
S Y B S Y N A I H U H Z O T I I
A E H S L T I E N I F Z V R R B
W B J J T I A R N E T P I A H L
A X J H O V V G E B S B N E C E
Y X E P E H S I S F Y S G Q P N
P W R N N O N J N F F O B F O R
T X E L P M E T Y G P O W I W O
```

Luke 6:27-29 (page 122)

```
L O E S C L G J A V I S Y H
M X O Q T O O T H E R L E T
G B U K O A Y I L E L S E E
T W G D R G O Q F U R E T T
T P X Y J S X C F U N D Y I
L U E T A H E E C Z R A U M
V H E A R S T I Y O R V O S
F R U Q C I L Q M P A B G T
H O B L P K E C L E P I Y B
W W O S W E B U P N N R S F
T A E V T E L Q O U A E D U
K D Q D A H E X S W V P P O
T Z Z H K C S H D V O Y X Y
E V L O E O S D H T E K A T
```

186

ANSWERS

Luke 6:30-32 (page 124)

```
H W O X Y Y W Z R Y Z U Y S
P N A V D W T H O S E O T U
G W G E H B O I X R V B Y
H I A L J T G U E V O L K E
S W I I P I E J L G R H A M
R K N A V Q E K L D E K E L
E Z W E Q Z R J S V N S W Q
N R B G A W A Y E A I E K P
N T S U W V L R H W S C U D
I H D F C F Y T E S A C M Q
S E O Q I N K K O S T B P H
Y E O Y Q A I V Q S K H Y L
O T G L D L U O H S L J E F
B V O F U M A J I T Q A P M
```

Mark 2:16-17 (page 128)

```
U A P E U T R I V E J T Q P K J
G L N H K M F P C L P B V R C H
N Z K C A A E N F U L U S W Z A
I V I P I R A L B I D O U H E O
D S M T O T I L O R A D O O Q J
N K H M N N I S O H U J E S U S
A V I E X C A L E B W D T S E D
T S P N A E B I S E S D H C S D
S E R N D O G E C A S E G R T Y
R S S E L N L N L I X E I I I R
E F W R N P E V I I S N R B O W
D N G S I N A S W K E Y L E N M
N P M C V T I I S G N V H S I H
U F S U I O D S X B R I E P N A
U I U O G N I T A E P Y R R G W
D S N G N I H C A E R P W D S J
```

Matthew 4:8-10 (page 126)

```
W N Q X M U D Y F B S V R D P T
W R I T T E N N T S H E A L D S
N H T E K A T Q E L S T P R H A
E A H R E Z N N S I A I Q O J T
L J W V O C K L S E H Y E W Y A
U J I X Q A I T X S R E O V H N
R G O S E S A P R O K V N L A G
M G S W T N P O M L E L E X E X
O H E E C R W E X C E E D I N G
U I N E D R E G J H E N C E M T
N G W X D R E N V E X V Y B O V
T H C O T F O W G P S D E V I L
A O W O N L Y L O T F U V B J H
I N Y R O L G F L P H G S F A S
N O I T A T P M E T O L L A F N
S I C A F R S M O D G N I K J L
```

Matthew 10:26-28 (page 130)

```
D Y Z G O U O C H Y Y H J C D S
I H C S M L N F W M H Z O J I O
H W O O S A L Y E C O U E E S U
Z W I U V E F I A A R D M S C L
G R H P S E N E K A R S Y U I Y
L L E H H E R K G P I J G S P J
F C D E U P T E R E L B I B L B
L J E H H U S O D A B O D Y E O
B S L R T X G V P P D O S E S B
T E A C H I N G S S Y E S S H N I
X O E S P E A K M I T Z B O E P
U E V H O V G F P H E N S T N E
U P E D W R Z S G B I R D H W R
I A R M A C O I U Q T W R I O W
R W V E D B L B E G C R O N N N
L N Y Y O R T S E D Q A W G K Z
```

ANSWERS

John 11:25-26 (page 132)

```
F T M N B B E L I E V E T H O M
R O E V O L J S N C S P D D A P
W D N D S I Q E Q E S C L R S R
B O O L A W T B S Z V U Y I N O
C T I R C L S C B U O A C X H P
X D T O R A S N E S S K E E A H
P E A W I Z E B G R N E V H H E
J A V G F A N U R E R E M E T S
Z T L N I R L B S O R U L U R Y
T H A I C U U S G L T C G A S
R U S V E S F D A R A H N E M I
O D O I G R H S G R I I E F R S
F U J L W K T P I X P S N R L T
M K R A H I I M S E J F E H W E
O R N R N L A O E J L U N N J X
C A E G E T F W B C H R I S T N
```

Luke 11:34-36 (page 136)

```
U P L L H G L E L D N A C D M M
R G T N L E X Z S R R D A U G S
S N H H H U L J L H D K E Y Y Q
G I H T G L F G H U A O R D G U
N N U V F I I F N M U D O A C V
I I O I H A R G W I G B O O A Z
H H J R G E I B H F S M R W G E
C S D T Z H B T R T P S E F V V
A P F U E I B A H L N A W V J I
E A B E G E X L E F F L O H E L
T O D B B M L T E S U E L F S N
L Z H O L Y E O L S K L L K U E
D A R K N E S S H U S M O O S S
H B L E P S O G L W U I F O M S
S X O T N E M A T S E T N B C C
F B S E D U T I T L U M T G A M
```

Matthew 6:24 (page 134)

```
Y B U E V R E S C E H W O T A F
T E A C H I N G S V L V X S Z Q
Y D Q T C M D G N O M R E S J T
W R Y O O W Q G N L P R A Y E R
U E J N D X O C B C L O Y A L N
E H F N G D Z Y I T H E A P S C
P T V A O Y A D E Z X O R E W J
Q O O C E N O S E O Q E L K O P
U T E I C U T D R A N S Y R G
D M T W O A A D R C T R I J S J
M E T M M H L M H O E A X C H E
H A S E S O S P A T L G H M I S
V F N P H M U Y S M W F K X P U
I T L D I G M A Y T M X L O I S
E L A D M S M M L R I O Y B F R
I G R L W S E V Y B M D N H M F
```

Mark 9:33-35 (page 138)

```
W R Y I W D E T U P S I D V Z Z
S E R V A N T T H A D D E U S N
T J I Y A N R G R E A T E S T F
S G J K O J Y T S A L P C I I Q
E R B A R T H O L O M E W R S L
S Q A O M U Y I N U A X S I O A
O U S N D E J J A B L T M M P H
L C B T K P S N C E M O Q O Y O
C N Q E E I R H W L N E S E S U
W R Q T T E V E P O Z T X P A S
J E E S P T H G E V L W E H D E
H R R A B T E N M E W E C I U E
E W C I T E H R S D Q X A L J W
M Y S A S O E V L E W T E I U I
U Y M E J E W E R D N A P P J Y
S A M O H T D X D L U O H S E A
```

188

ANSWERS

Matthew 5:29-30 (page 140)

```
H E S E R M O N B Q Q M A O K C
S G P G C U S G N I H C A E T Z
I P E E X L E A R N I N G D B I
R R I Y D A R E B M E M I E N U
E O U E V Y V C G Q S K L T R S
P F R I G H T E O U S N E S S E
T I G H M P E A H Z M R D J S L
J T O A H L D L U E P C U K O P
G A O J N R W O R L D L E F I I
I B D S Y V U H E H G L W L F C
B L N Q Q J F T T E W E U B E S
N E E L Q Z A N M P H T B I N I
H A S X H T U E L T S O E B D D
A A S R I O N U T A D C D L Z A
N V M O M T C A C Y R I G H T L
D Y N R C K M Q N L N T H E E J
```

Mark 16:15-18 (page 144)

```
H U W V C V N P Q S H V K I I T
C D L R O W W H X K V N V G T R
P E G Z G U G C F X I B F A F U
P R J S I C K A E R F M I W B H
Z U M S G D V E D S E U G N O T
G T R E S U R R E C T I O N P T
O A W Q B D Q P S C D E Q K M M
S E C X E F N E V T C E Q N G S
P R N V L W O L M P N D A D A E
E C I K I F Z S B A E E E D G W
L L C A E M O T P Z N N P R L R
S K A E V J X J I V M S C R W Y
Y P S P E C D T A A M O A E E M
G Z N S R A P G D Z A H M V C S
Q O K V S A S F O L L O W H E F
T W O H B U G E S N G I S T B D
```

Luke 15:4-5 (page 142)

```
K I W M V R L L O S T S R E N N I S
T N T L D X I C B O J Z F L O C K
N K U E C N A T N E P E R F F N H P
E R A H T E Y A L J C N P L F Z S Q
Q V E M F V Z I D E R D N U H R R N
E I Z N N R N K L E S H E E P S E T
F E G J I H I E V D C I J S X V G C
W S Y F C N B E S J D I E P A O N P
I W N G X R Y H N R E A T E J C A R
L J J K A T O T E D R L H S S X R O
D L D T E U K H E C S F B R U Y T T
E R I E L U P L H N A E O A T J S X
R O E D F E C I L Y I B M F R B C C
N K E J H M N A O H H N X O X A E T
E R P S O G P Q V G J M X U C N P I
S V G H D I V F I A W N L N T L P O
S U S R N N C E N T M M I D O P E N
C E N O U R N E G N Z C J P M Z W W
```

Matthew 6:1-2 (page 146)

```
S D N U O S T E E R T S J S J F
F I A H T N V L L N P T E M G H
J J E U O S B I S O E W S A S J
E E T M T I X P R M R L U L G K
D S R R B H O K P T G D S M N Z
O E I E C P E L U H U E C S I B
S Y T W G L E N E V A E H O H G
S K N A R S V R T Z Y J W C C P
B N E R E E V C S I V U Z E A R
S E M D H I H Y P O C R I T E S
R M A N T F R T W C N I A A T V
E E T V A Z Y Z O N I A T W C E
Y C S K F G L R S E K C L Y T R
A Q E U H S I L O E D M X S T I
R B T E P M U R T L E D N Y R L
P T E I U Q E Z X J G N Q S H Y
```

ANSWERS

Luke 6:38 (page 148)

```
B F Y G N E K A H S I J N R
P V Z X J E G C D R W T E T
F B A T Z Y K U V I Y V L O
Y E G L P B L J H E O A U Y
G I V E N J I R M G G L F M
U U O Y E Q F A N A S A A H
O M C Q E N S I I E H A D P
E E M L M R N N J T A D B J
D V V S Q N U A G E L E J E
J B I I U D Q S Z M L S I I
P Y W R G L O I A A Z S T M
U G K W S T H D N E F E F F
T Q M H D W A S L T M R O L
U C Z Y W P J Y K A O P A B
```

Mark 10:14-16 (page 152)

```
U G S A W A H G K P T S I R H C
I D L U G A V S S E N N E P O E
A R P R W T C S L E P S O G Y O
N E L T T I L D C G H N D O G W
E L J E S U S G G R K E N X Z L
S P H O L D I N G W F R E C L Z
I A M C J B I Q T E D D V E O U
R D L P N S I H O L I L A P V H
B E P V S Y E L H C B I E C E T
R A F E A R K E G O R H H A E M
K E L F E T A J G M O C R V S O
E B Q I U L I E F I F T I M K D
N E N U I S P O N N B E R M D D
T K K N E S C L N G C A H K G N
E I G R B S D V E E V S I P U I
R O L T G Y T B R H H T I V G K
```

Matthew 11:28-30 (page 150)

```
Y P T Y Z E O V P G K M F I N D
R U R F D S L U O S B P L E H H
E N T A R K K C Q I B U R D E N
N O S M Y S A C O R N B R W U B
R M E S M E E E H E L O R W A M
A B R G H R R L D A B S L L A S
E M C N E C I A P A L E Y T V H
L L W I A O L P L I T L T W H M
I O X C T E B X X T E S G N Q E
J W K A H X N D A W Q Y I I G K
S L D E W I M K T T Q V V D L E
G Y L T L N E G R Y L E Y A N P
R G N I L A E H A J E S U S E B
E V I G O X C W E S A D Q W J
T I G E F I A J H E U J D Z G D
```

Matthew 5:1-5 (page 154)

```
I Z U H P Q A N E V A E H S P J
K I N G D O M E A R T H S E V B
Q O S I L O P A C E D F E D C V
Y J E R U S A L E M M N E U Z M
U O J D R O W L P D A H I T O U
W W U R L Z I C I D M X N I O R
Q E D B K L H S R S O E G T K R
T D A M A P C O E C U L T L V N
H R E G E I J D A S N P I U J U
G O A T P E U Y P T T O R M U S
U J P L R T K I T N A E E H P R
A P E E I O R S D E I P H C O I
T S Z T N I F W I W N S N X O E
L M A G T E R M T W V R I I R H
Z E D V X R D M O U T H O Y N T
B S D E S S E L B C Y J L D R E
```

ANSWERS

Matthew 5:6-8 (page 156)

```
F P S P J Z Z G N D N H C C I X
P P I H S R O W S W R I Q D V L
T N E V A E H D N H L A A C S G
L R P D S F N R R U Y Y W T U J
O D A U I R F Z F O X B G E B D
V O T E R S E I D I W L N Y R O
E G H M H E C E W E S E I W D O
K H I V Y R L I L S U S H Y I Q
R F R L E L T G P T F S C C Z V
I F S M I E G H R L F E A R Y H
W H T F S U U I N Q E D E E I P
Y E H T R N V N L Q R S T M H P
N Q W T G B E A T I T U D E S S
F L S E P E O P L E W L W T E X
W L R P W J E S U S J S V E J B
S S E N S U O E T H G I R M C Z
```

Matthew 5:11-12 (page 160)

```
R E W A R D D Z Y N Y T X P Y U
X J P D H G O R S R X G S R L X
I W Z Y Z C I E F I L H E O E K
J E L E R O F E B I D H D P S N
Z O E C I O J E R N C R U H L T
H H S A C R I F I C E V T E A S
M A N N E R U V V V R Q I T F I
Y E N S W T Y B I C I M T S W R
U B T B T L O L S D E K A S E H
J V O U E O E U Y S E T E P M C
L C F Z C V S A E A H S B C E L
I G N I D E E C X E E E S N N I
D T R X J D S R J K A D I E L V
H G L A D H W R Z W V X Z Q L E
M A D E A T H U E Q E Y P G D B
G I V F T A E R G P N A K C R Y
```

Matthew 5:9-10 (page 158)

```
I D Q M G Z H O M O U N T A I N
R E Y A R P T T E S T A M E N T
Y T C V W B A N D J B K A D O T
M U Z S O O E D E S S E L B V S
J C C E R F D E G P N C A V G R
E E H D S S J F E I A P R N I E
S S R U H A L I F L W D U Q G K
U R I T I K B L L M P H E L P A
S E S I P E M E O H C O T E Q M
Q P T T V X D D E A S X E W D E
O C G A C A G A E L P E U P R C
A R V E P N V T D E T J L W O A
C G T B I E P R E A C H E B W E
D H N K N C H I L D R E N V I P
L O Q W E H T T A M X N R Q O B
R I G H T E O U S N E S S M G L
```

John 16:32-33 (page 162)

```
O L K G N I V E I L E B E O D T
N V E U N O P O E I J N S F R W
L F E A W O R L D E I G A E I E
E A J R V F C M N W N T S R G L
L M G I C E X O A I H U E O O V
C X T C Q O L G H E R T S C O E
A A R F R A M C R R S E R R D D
R I G S U A E E A L K E J C E
I E B Q L E C C E T U G M H R R
M A U H T U T I S U P I E Y R E
V C L W T I N O F B Y A M H E T
G E A H O E P E R I V P B E E T
E R T N O A M E K E X Q E M H A
R O I Q N U A O N O X I R I C C
F I O P N D R G C C P M O T Y S
F M N D L O H E B N F S Z N A Q
```

191

ANSWERS

Matthew 12:25-28 (page 164)

```
J V E V I N L S A L V A T I O N
S P I R I T O F G O D W B H N B
L I C S E E S I R A H P F E R A
E S L I V E D E T K O B R O U S
M X D E C A S T L A Z D U X Z A
D Q O R D B U X W F L G H P H T
O H I R B U S K J I H O S U X A
U E D I C U D V H T C D S B A N
B A Z A I I B C D I V I D E D H
T L P E E H S E F J R W Q S D Y
E I V H O L Y E Z Y K T U S H T
R N E M E H P S A L B S E E O I
S G D M I R A C L E E A C G U C
F L E S M I H U D J O E W D S Z
K I N G D O M Y D E U U B U E A
U W E H T T A M F M T B U J C S
```

Matthew 5:38-42 (page 168)

```
M A W A Y W P N N R E H T O S Z
I V J T G O W Z R F U E C U X Y
L V A S L Y X O N I A M S H K Y
E O X T E Q T M V C G E S E E V
C L P S A R L I H O J H K A S O
I Z S I J Y M I S G M U T R H G
P X M S F G N O J O E F T D C J
F J I E L G X V N U R O B P N L
F W T R S Z A I S W O E U I E J
V A E I Q Q H R I T O E N P D Y
S L A T A U L T H O B R M E S G
A S K E T H I U U L V O R F G D
G P Q N P B V E Q E C Q E O J M
V O F S O A E M M E V I G Y B A
C I U N I A W T C L O A K E G
J I R E V E O S O H W N B I A O
```

Luke 9:48 (page 166)

```
H Q B R V K S V K T T O I S
J U A R N A M E N N Z X R A
H C J W H O S O E V E R E M
Y O T C Y L E G Y S I R C E
V P O A L L A H S F I N E U
J P O C E R Z G P Q R M I Q
K B H P H R D F V E Q M V E
V I F J T I G C C U V F E O
U O N N P Y L E W E R R L U
M O G S Y B I D M J T Z D N
V V E W I V Z A G S W I E V
V N P Z E P A V A T E P H M
T W X T Q W B E P S H S U C
R C H Q A Z L Z F P W L G W
```

John 10:1-3 (page 170)

```
P R O T E C T O R P N A M E L P
F G U I Q Y H F E R U T S A P O
F X D C O T K E O E V G G F E R
L L K X E O H J H L R B L Z B T
O Y G L J S S R T M L O P P A E
C I L D R E H P E H S O B P J R
K A F E I H T A B G S A W B X B
C D H W T B N R M B N T A I E V
H L N T X S A X I R Y A E U N R
T O W A E E V E L Z R V R E Q G
E F O V H D K C N O H O O T L J
N P N S N E A K I N G K O I S S
E E K H T E R E T N E Y V D C G
P E C L V E R I L Y X Q Z I M E
O H W M U W F A M I L I A R V J
N S S Y E Z I N G O C E R P J B
```